U0067793

太極拳

本義闡釋

揭開久學難成之因，闡述先輩修習實境

陳傳龍 著

太極拳理簡易圖解

逸雲 作

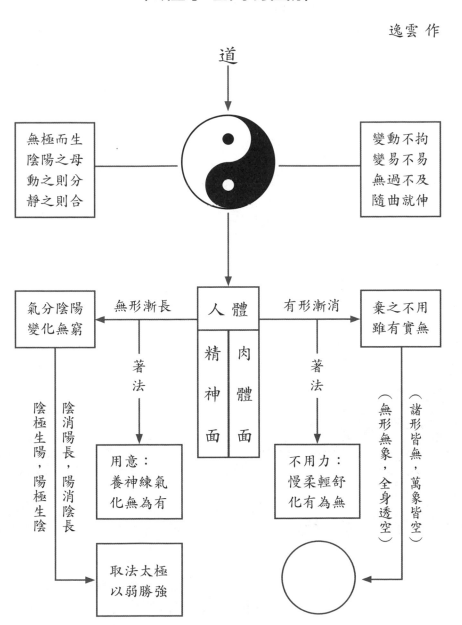

太極拳雖有外形姿式，功在運作內在意涵。——逸雲

仔細留心向推求，屈伸開合聽自由。
變轉虛實須留意，氣遍身軀不少滯。

——【十三勢歌】

往復須有摺疊，進退須有轉換。
極柔軟，然後能極堅剛。

————【行功心解】

一舉動周身俱要輕靈，尤須貫串。
氣宜鼓盪，神宜內歛。
無使有缺陷處，
無使有凹凸處，
無使有斷續處。

————【拳經】

意氣須換得靈，乃有圓活之趣，
所謂轉變虛實也。

───【行功心解】

十四本太極拳筆記，跨越近一甲子之心得功法，
至今九十高齡仍辛勤內煉不倦！

筆。記太極

流金歲月
一字一句　絲纏延綿
細琢精雕
還原為　對太極拳　最
廣闊　安靜　深高的領悟　與
敬意

以心行氣，務令沉著，乃能收斂入骨。———【行功心解】

| 目 錄 |

上 篇　認識太極拳

第一章｜**太極拳之根源**　*48*

下篇　太極拳的運作

著法｜日起有功

自 序

　　筆者年近三十時，為慢性疾病所困，身體極為羸弱，身高一百七十一公分，體重僅約五十公斤左右，深以為苦，雖經中西醫治療，但並無效果，因而接觸太極拳術。為求康復，日不間斷，勤加練習，歷時共約七年有餘，未見改善。後幸遇我師　劉公培中，道號妙真，乃仙宗崑崙派玄門一代宗師，恭請指教。　師命我先打拳套給他看，演練尚未及五、六式，即命停止，並告我曰，汝尚未學到太極拳，這乃形狀姿式，而非太極拳，並告以太極拳乃內練之功，要知心中的運作之法，作用非在外面姿式，蒙隨即起身面授。筆者遵照跟隨依法運作，便覺周身舒暢，同時手上身上有氣感產生，於是恍然大悟，過往所練，原來只是一個形狀姿式，所以作用全無。臨別之時　師告我，汝可於每周六下午二時來此聽講，並告以太極拳乃拳術，剛才所授之法亦是拳法，太極拳推手與養生是一體的，練架式而不能推手，由於所練內容不同，乃是空形式，太極拳不可就形式而練，因太極拳不在外面姿式。

筆者遵示，於每周六準時前往　師尊寓所聽講，在座同修共約七、八人，聆聽　師尊講解仙宗大道，由於太極拳本是道功，期間不時提及太極拳的體用之法，筆者遵照悉心修習，僅約三、四個月，身體狀況大有改善，此親友皆知。

　　現筆者已年屆九旬，生活動作仍如年輕人一般，身高一百七十公分，體重六十五公斤左右。隨　恩師習練太極拳，至今已六十年有餘，見證了太極拳的養生之益。於今每見學者，難以分辨形狀姿式與太極拳的不同，心有所感，特將學習太極拳的經過提供參考，以貢獻於讀者。

陳傳龍 謹述於臺北
2015年12月

序文—思惟太極拳之原萃

太極拳的難學，由於自古以來難為人知，故古有「學太極拳者多如牛毛，神而明之者代不數人」之言，流傳十分紊亂。太極拳本只一種，而有了種種的太極拳，學者由是困惑難明，往往苦於難得其真，不知何處有真？其實為人所不知，論經歌解，以及先輩宗師之言，即是其真，可以想見的，非經歌宗師之言，所本為何？何處有真？值得注意的是，由於太極拳是心中的理念，所以論經歌解及宗師之言，即是先輩心目中的太極拳，打太極拳所打的太極拳，言太極拳所言的太極拳，由於並非外面姿式，所以拳經云：「凡此皆是意，不在外面」。經歌先輩類此之言，不勝枚舉，實是值得認真思考與探究的一件事。如今在認知上反以外面的姿式為太極拳，以致使學者無從理解與學習。

以上所提的論是「拳論」，經是「拳經」，歌是「十三勢歌」、「打手歌」以及「真義歌」，解是「十三勢行功心解」，綜此論經歌解，太極拳已盡在其中，其內容深邃，底蘊豐奧，難以理解，由於所言都是

先輩功深以後的境界，更是專業之言，未經學習，自是
難以明白。但值得注意的是，這乃是太極拳的本體所
在，正是學習太極拳所要學習與了解的主題，不知此本
體真義，又何能知太極拳？自古輾轉流傳以來，真義漸
漸流失，太極拳本不在外面姿式，而以外面姿式為主
求，致使有心於學習太極拳，無從學到真正的太極拳。

　　本書為服務讀者，謹本經歌宗師所言，說明太極拳
的原貌，所言全本經歌宗師之言而言，並就論經歌解內
容，分別作詳細詮釋，並予意譯，同時提供運作之法，
更由於太極拳本是道家的修為之功，是道家的思想，不
但是修心養性、祛病延年之功，亦可制敵與防身，為一
對抗之術，謹本先聖老子之言，以及兵法，說明太極拳
理念的根源，以利學者在根本上認識太極拳，了解太極
拳學而難成的原因所在，貢獻於讀者，若有偏失，敬祈
高明指正。

陳傳龍 謹述於臺北
2015年12月

楔子

太極拳難知難學難成？

前　言

　　太極拳深奧難明，難以深入其堂奧，流傳至今已各有所見，眾說紛多，致令學習者莫衷一是，難得正確的學習道路。而各式各樣的拳架套路更是多不勝數、愈來愈多。太極拳界裡，每年舉辦的比賽表演更是繁多熱鬧。筆者習拳六十載歲月至今觀之，深深覺得在訊息多如牛毛的世界，學習者若不能深刻明白太極拳的核心思想與理念究竟是什麼，要修習的主要內容究竟是什麼，將必定徒耗光陰。學習太極拳本是要明瞭其「內在」的意涵，而不是迷失在「外在」表象的追逐中。倘若僅在外在拳架的肢體運動中追逐徘徊，永遠也進不了真正太極拳的世界，入寶山而空回，殊為可惜。惟有超越門派高度、超脫拳架思維，才是學習太極拳所需要的認知。

　　自古以來，太極拳的難學，皆是由於難知，以致往往所認為的太極拳，其實並非太極拳。由於太極拳界總是百家爭鳴，讓學習者莫衷一是，以致困惑難明，無從理解與學習，而覺得太極拳玄深奧妙，深不可及，實完全由於未能真正掌握太極拳的本義。

對太極拳認知不同，造就了各式各樣的不同門派，使學習者落於論戰，而疏忽了太極拳的核心思想。雖言學習，又何嘗是在學習，必然是枉費功夫。所以正確認識太極拳的本義，實是學習太極拳的前提，然後要知道如何有效運作，以求其功，才是真正的學習，如此必然可以功到事成，不致枉費工夫。

　　茲將太極拳難知難學難成的原因，分述如次，以供太極拳的愛好者參考研究。

第一節、**太極拳是內練意氣之內家拳**

拳術有外家與內家之別，外家拳使用外在肢體動作之能，太極拳是內家拳，是內練之功，以內練意氣為本，是意氣面的拳術，因而可以養生益壽，祛病延年，實非虛言。

十三勢歌云太極拳：「若言體用何為準？意氣君來骨肉臣」，諺云：「外練筋骨皮，內練一口氣」，皆是言內家拳是內練意氣，以意氣為本。

由於內練之功難為人知，學習太極拳往往認為太極拳是外面的拳套姿式，以致學太極拳而困惑難明，久學難成，所以經譜歌訣及各家先輩宗師無不都有提示，言太極拳功在內練，不在外面形式，乃是經歌宗師所言，雖不同於一般所知，但事關追研的本體與內容，實是學習太極拳不可不認真正視與探究的一個觀念與認知。茲為便於理解與具體學習，謹將經歌及各家宗師對此之言，分別恭錄於次，以資印證，並予詮釋，提供學者參考探究。

一、經歌之言

（一）、拳經云：「凡此皆是意，不在外面」

即言太極拳不在外面，而完全是「意」，不在外面，是言太極拳並非外面的拳架姿式，並非在外面姿式求太極拳，已明白的指出，太極拳並非外面姿式，求外面姿式不可能有太極拳，不言可知，往往以外面姿式為太極拳，求外面姿式，以致枉費功夫，難學難成。「姿勢」與「姿式」是不同的，姿式只是一個架式、形式，姿勢卻是有內涵與作用的，如形勢、態勢。

「意」是心中的運作之法，由於太極拳全是心中的運作之法，不在外面姿式，所以說「凡此皆是意，不在外面」，太極拳在於知道怎麼打，也就是要知道怎麼動，以求產生功，也就是作用，太極拳是求功，並非會比外面形式即可成為太極拳。比外面形式，是比形狀姿式，全無太極拳可言。所以雖言如何如何，實全無作用可見，要能知「意」，也就是要能知運作方法，而能有作用產生，才能有太極拳。

舉例而言，拳經第一句話說：「一舉動周身俱要輕靈，尤須貫串」，言太極拳要求輕靈貫串，打太極

拳就要求輕靈貫串，即是心中的運作之法，也是意，乃能有太極拳，太極拳的作用在於輕靈貫串，不在外面形式，比外面形式，比的是一個形式，毫無作用應是可以想見的。太極拳不可能是一個形式，能輕靈貫串，任何姿式都可以有太極拳，沒有輕靈貫串，任何姿式都無太極拳可言，只是一個形狀姿式而已。拳經的每一句話，也都一樣，都是太極拳的運作之法，功能與作用所在，是心中的無形的拳招，太極拳的本體所在。

「輕靈」，是輕鬆靈活，是相對於一般拳術之要求堅硬有力而言，所以特別提出。「貫串」，是周身鬆柔的勁能的連貫一氣，即所謂的要周身一家，周身一太極，要輕靈貫串，就要周身鬆柔，可見太極拳不可能單純的是一個形狀姿式，所以經歌宗師言：不在外面形式。

（二）、十三勢歌云：「屈伸開合聽自由」

「屈伸開合」是言太極拳的運動，「聽自由」是言不受外在形式的限制，任何姿式都可以打太極拳，都可以是太極拳。

其所以可以聽自由，不受形式的限制，由於是內練之功，是以心中之法，求內在之功，作用不在外面的姿式，先輩陳鑫氏云：「外之所形，莫非內之所發」，即是由於是內練之功，若比外面姿式，就非要比一定樣式的姿式不可，必然產生僵硬，不可能鬆柔，反成了死招死式。真正打太極拳，外面的姿式是連想都不可想的，從一有比姿式的念想，必生僵硬，就背乎了太極拳的要求，就可知道，必將枉費工夫，值得深究明辨。

（三）、真義歌云：「無形無象，全身透空」

即言太極拳無形無象。

「無形無象」，並非真正的無形無象，人本有形象姿式，不可能真的無形無象，而是言沒有形象姿式可言。「全身透空」，也就是全身空透，也並不是真正的空透，而是言周身徹底鬆柔，令人無所捉摸，覺得空無所有，是學習太極拳所要追求的最高境界。不能認為學了拳架姿式，不能做到由於是尚在初學，要知太極拳本非外面形式，會了拳架姿式，根本還沒有學太極拳，何能是初學！要入此境，就要求鬆柔，是

漸漸養成的，有層次上的不同。

　　1、在基本而言，是言太極拳本無形象姿式可言，無一定的形象，任何姿式都可以是太極拳，所以是「屈伸開合聽自由」。

　　2、對初學入門而言，是心中的無形無象，即在打拳時，雖在走形象，但心中不可有走形象之想，而是求功，所謂「練拳不練功，到老一場空」，而且心中一想打形象就會有僵硬產生，不能鬆柔，就不能進入太極拳鬆柔的境地，這是初學時的無形無象，也就是拳經所說的「凡此皆是意，不在外面」。「意」就是以心中之法產生功。

　　3、待練有所成，就可沒有定招定式的形象，全是內在氣勁的運作，無形狀姿式可言，與人對手，令人打不到，摸不著，人雖在眼前，似乎人也不見了，這是練成時的無形無象。

　　4、更進一層，攻人之時，由於全身透空，人不知我的形象，將人發出，令人完全不知如何被發，即所謂的「出手不見手，發人不見形，發人於不知不覺之間」，拳論云：「人不知我，我獨知人，英雄所向無敵，蓋皆由此而及也」，即言此種境界。

真義歌及十三勢歌，是太極拳最高的經典歌訣，敘明太極拳最高境界的境況，不能認為打拳招姿式，不能進入這一境況是尚在初學，太極拳本不在外面姿式，求外在姿式何能入此境地！

二、各家宗師之言

（一）、武派武禹襄氏云：「凡此皆是意，不在外面」

　　此言本是武禹襄氏在家傳「打手要言」中語，後為後人尊為「拳經」，所以也是「拳經」之言，若問何為太極拳？也可以答是「凡此皆是意，不在外面」，太極拳在於心中的知道，不在於外面姿式的如何，何況太極拳不在外面姿式，求外面姿式顯然就非太極拳。

　　武氏又云：「神為主帥，身為驅使」、「先在心，後在身，在身則不知手之舞之，足之蹈之，所謂一氣呵成也」。

　　「神為主帥，身為驅使」，人身體的動作本是由神所主導，此處是由於太極拳的運動有一定的動作方式，也就是「著法」，並非一般性的動，強調打太極

拳是以神運用著法，驅動身體的動，非以一般性的運動比外面姿式。

「先在心，後在身」，先要心中知道怎麼動，然後再作身體的動作，這也就是「神為主帥，身為驅使」。

「在身則不知手之舞之，足之蹈之，所謂一氣呵成也」，就身體而言，在運動中，心中未動手及腳，而手腳卻也在動，這是什麼原因？這是由於太極拳並非一般性的先天動作，是運用著法來動，著法是一種特殊的動作方式，即是運用腰胯來動，腰胯一動，周身就全動，手腳的動都是由腰胯帶動，所以不知手之舞之－手的動，足之蹈之－腳的動，而有「步隨身換」之言。由於一動，周身全動，周身動作一氣完成，所以言「所謂一氣呵成也」。

可見太極拳並非一般性的運動，一般性的運動人人生來都會，若用以比外面姿式，所得的只是一個姿式，可以想見的，太極拳豈能是一個姿式？怎能以為有了姿式，就能有太極拳？所以太極拳不在外面姿式，在功深以後，全是身內的內在運作，更無外面的形式可言。所以先輩陳鑫氏云：「自古太極皆如此，

何須身外妄營求」，又云：「外之所形，莫非內之所發」，外面的形式，全是由內在的運作所產生，不知內在運作，顯然由於尚未得太極拳，可見何能以外面姿式為太極拳！值得深究明辨。

（二）、郝派郝月如氏云：「太極拳不在樣式，而在氣勢，不在外面，而在內」

這句話與「凡此皆是意，不在外面」的意義是一樣的，不在樣式，是不在外面的姿式，可見在外面姿式，並無太極拳。

「氣勢」，是氣與勢。氣是身內先天內氣，與生俱來，也是所謂的中氣、元氣、真氣，是太極拳的體；勢是一種動能，所謂蓄勢待發，任何動作要做得好，一定先要有個好的勢，例如，要把球丟得遠，就要有個勢，太極拳全是這種勢，不在於外面樣式的如何，所以稱十三勢，有勢就有拳，任何樣式都可以是太極拳，沒有勢而空有樣式，任何樣式都無太極拳可言，是一個空洞的架子。

勢，全在於心中的神與意，所以架與勢是不同的，架只有一個樣式，不存神意的作用；勢雖有樣

式，但不在外面的樣式，而在於心神意的預動之能。

　　言太極拳，不在樣式而在氣勢，不在外面而在內，顯然由於往往有認為太極拳是外面的姿式，而有此言。

（三）、孫派孫祿堂氏云：「拳之開合動靜即根此氣，而收放伸縮之妙，即由此氣而出」；「拳術之內勁，實為人身之基礎」

　　言太極拳之本，是內在之氣，非外面形式，沒有內在之氣，只求外面形式，就沒有太極拳，顯然不能認為外面的形狀姿式即是太極拳，事實上，是尚全無太極拳可言。

（四）、楊派楊澄甫氏云：「論太極拳，不在外形姿式，而在內理、氣與勁耳」

　　言若要論太極拳，太極拳並非外面的姿式，已明確地指出不在外面姿式，可見在外面姿式求怎會有太極拳，不言可知，由於往往多為外面姿式所誤，而有此言。

不在外面姿式，明示是內理、氣與勁耳，言內理、氣與勁才是太極拳的本體，內理是心中的理，太極拳要知陰陽變化之理，只有形式，就不能知太極拳，氣與勁乃內練之功，凡此種種全是心中的意。

又云：「非取形似，必求意合」

「非取形似」，是言太極拳並非比外面的姿式，可見比外面姿式就非太極拳，乃是空比形式，而是要「必求意合」，意合是心中的運作，要符合太極拳的要求，以求產生太極拳作用，簡而言之，就是心中要知道打得對，此言與拳經所言「凡此皆是意，不在外面」的意義也完全一樣。心中的運作之法即是意，用以產生功能與作用，才是實體與主求，比外面姿式，比的是形狀姿式，與太極拳是完全不同的兩回事。十三勢歌云：「勢勢存心揆用意，得來不覺費工夫」，揆用意，即是求意合，言每一動作都能專心一意，求運作之法的正確，因而能產生功能與作用，才是真正的打到了太極拳上，由於真正的在打太極拳，所以得太極拳是很快的，不覺費工夫，在不知不覺間就有進展，比外面姿式的思想，顯然毫無作用，除非要用力，但用力就非太極拳。

又云：「願後之學者，弗惟外之是鶩，而惟內之是求」

顯然由於太極拳本非外面姿式，而見到多以外面姿式為太極拳，而有此願言。

由於學太極拳，多求外面姿式，以致全無作用，乃是空比形式，「內之是求」也就是要求意合，若心中能知運用運作之法，作用是立竿見影可見的，作用就是所謂的功，所以言「弗惟外之是鶩，而惟內之是求」。可見不能認為太極拳是外面的一套姿式，更不能認為會比外面姿式，就是會了太極拳，太極拳並非全無作用的姿式。

（五）、吳派吳公儀、吳公藻兄弟云：「循太極動靜之理以為法，採虛實變化之妙而為用」

言盡了太極拳在「用」的至理，太極拳是這樣的一種拳術，採用虛實變化，是太極動靜之理的具體運用，也是楊氏所謂的內理，要得傳授，可見並非因為有了外面的拳套姿式就能有太極拳，況且太極拳又不在於外面姿式，全是心中的意。

又云：「以心行意，以意行氣，以氣運身」

這說明了打太極拳心中運作的實體是意與氣，比外面姿式，顯然是完全不同的兩件事，未知意氣，顯然尚未知太極拳，所以吳家又有言云：掤攦擠按不在外面姿式的如何，而在於心中的運作。由此可見，總之不能把外面肢體動作的形狀姿式視為太極拳，不言可知。

（六）、陳派陳長興氏云：「夫拳術之為用，氣與勢而已矣」

言太極拳之為用，作用全在於氣與勢，明言太極拳不在於姿式的如何，有氣勢而有太極拳，非有形式而有太極拳，與郝氏所言一致，可見太極拳並無分別，實質本體是一樣的。

（七）、陳派陳鑫氏云：「自古太極皆如此，何須身外妄營求」

也是說明太極拳並非外面姿式，並非在外面姿式求太極拳，在外面姿式是求不到的，不要妄自營求。

又云：「觸處皆拳，非世之以拳為拳者比也」

觸處皆拳，是言任何姿式都可以是太極拳，不同於世俗觀念中的拳，一定要有定招定式，人用何種形式攻我，我就用何種形式應對，千變萬化，存乎一心，不能以世俗觀念中的拳術，看待太極拳。

第二節、**太極拳看不見**

太極拳雖有外面的形狀姿式，但不能認為外在形狀姿式是太極拳。

一、**內在之功**

太極拳是看不見的，全在於以心中之法，運作內在之功，不在外面姿式。先輩陳鑫氏云：「拳在我心，我心中天機流動，活潑潑地，觸處皆拳，非世之以拳為拳者比也」。經歌宗師雖未言太極拳看不見，但都明示不在外面姿式，所以看得見的是形狀姿式，既無太極拳的作用，也無太極拳的意涵，言看不見，以凸顯經歌宗師之言。

任何事物都有外表與內在，看到了一棵樹，並非真的看到了樹，看到的是外面形象，內在生機在外面

是看不到的；看到了一個海，也不是就看到了海，看到的是海面，海內的寶藏是看不見的。太極拳也是一樣，看到的是形狀姿式，由於以外面形式為太極拳，而致空忙白練。

二、練功非練形

謠云：「練拳不練功，到老一場空」。「功」是拳術的實際功能與作用，是練拳追求的本體與標的。太極拳是拳術，練太極拳是在練功，並非練比外面形式，何況太極拳不在外面姿式。

功，在於心中的法，法是著法、拳法、練功的方法。所以學太極拳是學法，學法是學功，是心中的思想與智慧，非人生而能知，要有後天的學習，是學習太極拳的基本課題。十三勢歌云：「入門引路須口授，功夫無息法自修」。言「法自修」，可見太極拳是在練法，太極拳在於知其法，求其功，並非有其形。

法的目的本是為了求取功，並非為了比外面形式，所以有其法，即要見到功，而非運用這樣那樣的法，硬比外面的形式，以致全無作用。既無作用，就

不可能有作用了，不能認為苦練可以練出功來，乃非真正的法，而致空有其法，空有其形。

太極拳的法，有其法，功要立竿見影可見。見到了功，才是見到了法，見到了法，才是見到了太極拳，才非空比空練，而能天天練，天天有不一樣的感覺，天天都在進步。由於比外面姿式，所以天天練天天都一樣，甚至十年、二十年仍是一樣。太極拳本非外面姿式，常見這樣那樣的使用方法，硬比外面姿式，雖言如何如何，實全無作用可見。

先輩楊澄甫氏云：「非取形似，必求意合」。即是言不是比外面姿式的如何，而是要求其功，「意合」就是心中運作的法要符合要求，而能有其功。由於許多只求外面形式，認為有了形式，就有了太極拳，所以又云：「願後之學者，弗惟外之是鶩，而惟內之是求」，即言不要只求外面形式，而要專注於內練之功。先輩陳鑫氏亦云：「自古太極皆如此，何須身外妄營求」，太極拳正如一本書，是在求其內容，而非外面形式，由於以外面的形式為太極拳，而致只有形式，而無太極拳。

三、拳架是練內

太極拳既不在外面姿式，為何又要有拳架姿式？這是值得認真了解的一件事。

要知拳術雖都有拳架姿式，但在作用與意義上，外家拳與太極拳是完全不同的，外家拳用力，所以作用可在於外面有形的肢體動作的拳招姿式，可以直接對外使用，是人人生來都能的先天自然之能；太極拳是內練之功，不可用力，情形完全不同，不能作同樣的思考，雖有外面姿式，但作用不在外面姿式，也不可能在外面姿式，既求不用力，又求外面姿式的使用，實是一個矛盾的思維，真是又要馬兒好，又要馬兒不吃草。

拳架姿式在太極拳，乃是一個運作內練之功的工具，初學的工具，初學太極拳，一定要有外在姿式，才能操作內練之功，正如打球一定要有球架，才能打球，種花一定要有花架，才能種花，太極拳也是一樣，要有外在姿式，才能操作內在之功，就鬆柔來說，一定要有外在姿式動作，才能練鬆柔，只是站著是不夠的，作用在於用來內練鬆柔，不在外面形式。任何姿式都可以練鬆柔，都可作為拳架，並非一定要

有何種的樣式，才能是拳架。又如拳經云要輕靈貫串，打拳就要練輕靈貫串，比外面姿式，就失去了意義。所以經歌宗師都言太極拳不在外面姿式，顯然不能以堅持比外面姿式，便認為有太極拳。

拳架姿式的樣式設計，外家拳與太極拳也各有其不同的作用與意義，外家拳用力，都求對外使用，太極拳不用力，一切動作都求對內內練，即使有對外使用的樣式，也是在求內練，已不用力，對外已不可能有作用，能對外使用，在於內勁的作用，不在於姿式動作。由於不用力，而能舒養筋骨，和通氣血，而有養生祛病，益壽延年之功，能既是拳術，又是養生之功。

第三節、**受外家拳先入為主觀念影響**

太極拳的令人難明，最大的原因，在於都為外家拳的觀念所誤，由於太極拳難為人知，在一般的觀念裡，都只有外家拳的觀念，對內家拳的內練之功完全不知，都以外家拳的思維思考太極拳，認為太極拳是肢體動作的拳架姿式；其實太極拳是內家拳，是內練之功，完全不在外面姿式，以致讓學習者困惑難明，

無從理解，其原因主要由於尚未見內練之功，因而往往認為會了拳架姿式，是會了太極拳，實尚全無太極拳可言，而致枉費功夫。十三勢歌云：「若言體用何為準？意氣君來骨肉臣」，即言是內練之功，除此之外，其他經譜歌訣所言的也都是言內練之功，以致令人難知難明，所以十三勢歌又云：「若不向此推求去，枉費工夫貽歎息」。

一、與外家拳的不同

外家拳因為用力，毫無疑問，可以使用外在姿式；太極拳不可用力，完全不同，顯然不能作同樣的思考，若作同樣的思考，顯然已錯失了方向。既已不用力，外面姿式根本不可能使用，也是可以想見的，用力已是外家拳的作用，就無關乎太極拳。王宗岳先師在拳論中言「快」與「力」云：「是皆先天自然之能，非關學力而有也」。先天自然之能，即是言使用一般性的有形肢體動作；學力，是指後天所要學習的內練之功，以及求陰陽變化用之於拳術，可見求外在姿式，是一般性肢體動作，何能是太極拳？所以難明太極拳。如若既不用力，又無內練之功，體用所本為

何？只是一個形狀姿式，所以天天練天天都一樣，毫無作用可言，而令人覺得太極拳是一個沒有作用的形狀姿式。

太極拳的推手應用，更是受外家拳的觀念的影響所誤，因太極拳難為人知，多以外家拳的思維思考應用，認為也是使用外在肢體動作，以求攻防勝負，甚至認為是要用力的；而太極拳則是內練之功，運用陰陽變異之理，不頂不抗，取法太極，旨以柔弱勝剛強，乃是後天學習的智慧與學問，非人生而能知，與外家拳在觀念與作為上，不但不同，更是完全相反。經譜歌訣所言，皆是太極拳在應用上的心得經驗的承傳。

由於多為外家拳的觀念所誤，所以先輩郭雲深氏云：「有形有意都是假，拳到無心方見真」，有形是使用外在肢體動作，有意是有這樣的意想，這些都是假的，由於乃是外家拳的用法，不但不可能學到東西，即使能勝人也是假的，要沒有這樣的心意，而能有作用，才是真的，乃真是運用內在之功。又拳經云：「拳無拳，意無意，無意之中是真意」，也是相同的意思，可見內家拳難為人知，往往以外家拳的思

維來思考內家拳，是學習太極拳難成的最大原因。

二、內練之功乃內家拳之本

　　內練之功是內家拳之本，其不用力，所憑恃的全在內練之功，由於少為人知，所以不知太極拳。由於內練之功不用力，善養意氣，疏經通脈，而能祛病養生，延年益壽，所以沒有內練之功，就沒有太極拳，空走形式，更是毫無意義，難知內練之功。可以力求鬆柔，以和通氣血，要能鬆柔，心中就要不用力，雖未必可成拳術，仍可有養生益壽之益。

　　太極拳是內練之功，由於難為人知，多以外面的拳架姿式為太極拳，一旦學了以後，無不天經地義的認為已學了太極拳，受了門戶觀念的影響，更是堅信不移，當全無作用可見，則認為是尚在初學，甚至十年二十年過去了，仍認為是初學；沒有作用，則認為是自己所下的功夫還不夠，明知經歌宗師言並非外面姿式，仍認為所學的外面姿式是太極拳。其實太極拳是內練之功，學會了外面姿式，根本還沒有學到太極拳，以致不乏勤學苦練數十年，終致終其生難以得見太極拳，誠令人浩歎，先輩向愷然氏云：「余久悲此

道之無正知見也」，又嘆云：「嗚呼！先賢悲憫之言如聞其聲矣」。

三、自古難知

太極拳難知，自古即然，十三勢歌云：「若不向此推求去，枉費工夫貽歎息」。拳論云：「差之毫釐，謬以千里，學者不可不詳辨焉」，又有歌云：「身形腰頂豈可無，缺一何必費工夫」；又俗言云：「懵懂傳懵懂，一傳兩不懂」，以及「學太極拳者，多如牛毛，神而明之者代不數人」，是皆古人之言，太極拳的自古難知，由此可見一般，往往深深認為是太極拳，而實非太極拳，輾轉相傳，愈傳愈遠，太極拳本只一種，而有了種種不同的太極拳。

太極拳實並非難學，而是由於難知，十三勢歌云：「勢勢存心揆用意，得來不覺費工夫」，先輩楊澄甫氏云：「有恒者，三歲有成」。又云：「一年習熟，五年練好，日後愈練愈精，但非真傳不可」，可見並非如想像中難學，但強調要有真傳，若非真傳，根本就不是太極拳，怎有成功的一天！是否是真傳，可證諸於經論歌訣，及先輩宗師之言，若全無經歌宗師之言，顯非

真傳，何年何月可以有太極拳！

太極拳不在學得如何之好？如何之高？真正需要的，在於能明其是非，知其有無，乃能得其真，若認知有了不同，雖言學習，又何能是在學習？功夫即使再高，又何有太極拳可言！太極拳是太極的具體呈現，有其一定的本質本性，而有其不同的價值與意義。

第四節、**結語**

經歌宗師之言，是太極拳的根源所在，由此可見，太極拳的令人難學，由於一般都認為是拳架姿式，而太極拳則不在外面姿式，其認知的落差之深且大，值得深究明辨，觀念不正確建立不但難以有成，對太極拳的傳承所產生之不良影響，更是值得深思的一件大事。

常言太極拳要求得其真，學者往往不知何處有真？經歌宗師之言，實已是其真，非經歌宗師言，何來太極拳？所本為何？即使功夫再高，又何有太極拳可言！

內練之功，何由而來？初學在於求鬆柔不用力，不用力乃可鬆柔，而後更要知意氣，十三勢歌云：

「若言體用何為準？意氣君來骨肉臣」，拳術不外體與用，有體而能有用，體與用全是以意氣為主體，不知意氣，難知太極拳。

一般都認為，太極拳是一套拳套姿式，會了拳套姿式便是會了太極拳，打拳套姿式是打太極拳，不同的拳套姿式，是不同的太極拳，然而依經歌宗師所言可見，太極拳並非外面姿式。

太極拳是拳術，太極拳的拳術在於推手，拳套姿式的內涵，全是推手的技法，所以練拳套姿式即是在練推手，否則打拳套姿式目的何在？先賢創太極拳的目的，不會只是為了打外面的一套姿式，要一人打拳，假想是兩人在練推手，所謂「無人若有人」；兩人在推手，假想是一人在練拳，所謂「有人若無人」，全是神的運用。一套拳套姿式一年學完，就已有推手的相當基礎，爾後可愈練愈精。學拳而不明推手，乃由於是空架式。

所以不會推手，是不會太極拳的，太極拳不可能只是一套毫無作用的姿式，太極拳可以只會推手，而不學套式，不可以只有套式而不會推手，只有套式不會推手，即不知太極拳，毫無意義。會了以後又能如

何？若說是為了養生，也不可能用形狀姿式來養生，所以雖言如何如何，實全無作用，太極拳由是就成了一個既無作用，又無意義的形狀姿式。對太極拳傳承所受到的影響之鉅，莫過於此。另一方面，此種觀念認知的不同，也令有意學太極拳者，無從學到太極拳。

世上太極拳門派套路雖多，然太極拳理實只有一個，因此太極拳也只有一種。要學好太極拳，必須先從心裡清楚認識太極拳的真正全貌，將之完整架構出一正確學習藍圖與清晰路徑，方向明確、方法明白，才能真正走入太極拳蘊意深邃浩瀚之境界。

太極拳與外家拳特性對照表　逸雲 作

外家拳 （為學日益）	太極拳 （為道日損）
用力	完全不可用力，修習內勁
使用有形的肢體動能	棄有形的肢體不用
尚堅硬	求鬆柔
尚快	似慢實快
是有形的形體面的拳術	棄形體不用，是心神意氣面的拳術
用意又用力	只用意，絲毫不可用力
採主動攻擊，頂抗相爭	被動因應，捨己從人
無陰陽觀念，直接衝打	嚴守陰陽變易法則
使用先天本有之能	棄本有之能不用，修後天之功
顯於外看得見	隱於內看不見
操作外在姿式	求內在之功，完全不在操作外面姿式
有一定的套路形式	無須一定形式，任何形式都可以練，觸處皆拳，功在內練
損耗體力，無益於身體	蓄養體能，可養生祛病，延年益壽
單純的肢體動作	動中求靜，動靜合一

「為學日益，為道日損，損之又損，以至於無為，無為而無不為。」——

《老子道德經》第四十八章

上篇

｜認識太極拳｜

第一章 | **太極拳之根源**

　　拳經云：「凡此皆是意，不在外面」，十三勢歌云：「若言體用何為準，意氣君來骨肉臣」。學習太極拳，首在要確知太極拳的本體，明其本義，方不致枉費工夫。拳術不外體與用，準此經歌所言，由此可知，太極拳的本體是「意」與「氣」，而非外面的形式，由於以外面有形有象的拳架姿式為太極拳，所以學習太極拳而難明難成。

　　失去了體，就失去了一切。學習太極拳，往往認為太極拳是拳架姿式，而太極拳則非外面姿式，此經歌宗師皆如此而言，由此可見學習太極拳，首要有此認知。先輩郭雲深氏云：「有形有意都是假」，先輩陳鑫氏云：「何須身外妄營求」，先輩楊澄甫氏云：「願後之學者，弗惟外之是鶩，而惟內之是求」，先輩如此而言，無非因為太極拳本不在外面姿式，而不能以拳架姿式即為太極拳。由此可見此種情形，自古有之，乃是經歌宗師之言，實是要了解太極拳，不可不認真正視與探究的一個學習的標的與主體。從求外面姿式雖言如何如何，實空無所有，全無作用，就已

說明了一切，會了外面姿式，這也不是初學，既不在外面姿式，會了外面姿式又何能是已學了太極拳！此實值得深究明辨。

第一節、**太極拳的理**

理，乃太極拳之本，本質本性所在，太極拳之為太極拳，有其一定的理為基礎，落實了理才是落實了太極拳，失去了理，也就失去了太極拳，太極的理只有一個，所以太極拳也只有一種，不會有眾多的理，也所以不會有眾多的太極拳。

太極拳的理，乃是太極，太極拳本太極陰陽變易的自然之理以為拳，由於理本太極而是太極拳，此理先師王宗岳氏在其拳論中有精詳的論述。自古以來，太極拳的理見諸於世的，僅此拳論，實為太極拳的準則與宗義，闡明了太極之理在拳術中的應用，所以有此拳論的存在，太極拳不會失傳，也不會被誤導，而只有造詣的深淺。由此可見，太極拳之為太極拳，有其一定的理為根源，有其名，也有其實，非道聽塗說可以替代。

拳論的「無過不及，隨曲就伸」一句，實已說

明了太極拳本於陰陽的意涵，概括了拳論的整個意旨，「無過不及」是不可太過，也不可不及。「隨曲就伸」是彼伸此曲，彼曲此伸。伸與曲，也就是進與退。這就太極而言，無過不及，是陰不離陽，陽不離陰，也不陰陽相沖。隨曲就伸，是陰消陽長，陽消陰長，太極拳取法之為拳術，則為不丟不頂，沾連粘隨，若彼進而太過，自行跌出，或因失去機勢，為我所制，則是陰極生陽，陽極生陰，是皆本於陰陽消長之理，用之於拳術，而為太極拳。名實相符，拳論其餘部份，皆是此理的申演，而能以柔弱勝剛強，離此理是不可能以弱勝強的，也不可能是太極拳。太極拳之為拳術，亦僅如此而已，不明此，所以不明太極拳。要能運作精熟，方能得心應手，所以拳論云：「由著熟而漸悟懂勁，由懂勁而階及神明」，「著」就是指此陰陽之理。

能知此理在拳術中之應用，實已會了太極拳，造詣的深淺，在於各人的修為，實踐全在於法的運用，不知法也就不知太極拳，可見太極拳有其一定的本質本性，非空言太極，離此，即使功夫再高，也無太極拳可言。能本於此，即使敗於人，也是太極拳。由於

可以愈練愈精，終能以柔弱勝剛強。拳論云：「人不知我，我獨知人，英雄所向無敵，蓋皆由此而及也」，即是練有所成之言，所以太極拳乃是智慧的運用，並非能勝人制人的，說太極拳就能是太極拳，法能體現拳理，而能有作用，乃是真。

第二節、**太極拳的體**

拳術不外體與用，體乃工具，用就是使用操作，有體而能有用，正如飛機是體，駕駛飛機是用。

太極拳的體乃是意氣，也就是內勁，乃內練之功，並非有形有象的肢體動作的拳架姿式。十三勢歌云：「若言體用何為準？意氣君來骨肉臣」，先輩陳鑫氏云：「運中氣之法門也，不明此，不明拳」，拳經云：「氣宜鼓盪」，先輩孫祿堂氏云：「拳術之內勁，實為人身之基礎」，不勝枚舉，皆言太極拳的體是氣與勁。輾轉相傳，由於意氣難知，以拳架姿式為太極拳，而致久學難成，所以楊澄甫氏云：「願後之學者，弗惟外之是鶩，而惟內之是求」。由於太極拳並非一般觀念中的拳術與運動，也就是並非一般性的肢體動作，而是求內練，而能有不同的功能與作用，

所以先輩陳鑫氏云：「非世之以拳為拳者比也」，拳論云：「是皆先天自然之能，非關學力而有也」，即言一般的肢體動作是先天之能，人人生來都會，非關乎太極拳，太極拳是後天的學習之能，也就是內練之功，求外在形狀姿式，完全無關太極拳，所以學太極拳而難明太極拳。

意氣要有後天的培養與學習，十三勢歌云：「入門引路須口授，功夫無息法自修」，初學太極拳，未知意氣，可在拳架姿式的運作中，心中不可求打外面姿式，而是全心全意求慢、輕、不用力，也就是求鬆柔，即可有氣感產生，即有養生益壽之益，久練亦可有意氣之用。太極拳本不在外面姿式，而運用方法硬比外面姿式，以致產生僵硬，氣感全無，顯然已背乎太極拳要求鬆柔的訴求，不可能有太極拳，不言可知。

第三節、太極拳的用

一、用的原則

一陰一陽之謂道，太極拳是道家的功夫，本於道家的思想，基於陰陽之理，以不爭為用，求以柔弱

勝剛強。先聖老子曰：「夫惟不爭，故天下莫能與之爭」，乃是太極拳的基本大原則，本無為而無不為的觀念，以「以靜制動，以柔克剛，後發先至」為用，求被動，而非主動攻擊。所以先聖又曰：「用兵有言，我不敢為主而為客，不敢進寸而退尺」，太極拳雖是拳術，實是心性的修為，在於修心養性，寓勝於不爭之中，與一般拚鬥好勝，使用肢體動作之能的拳術，完全不同，是後天學習的智能，非先天本有的肢體之能，不但非人生而能知，更是反向作為，所以高深奧妙。茲將用的基本原則分述如次：

（一）、以靜制動

　　靜在太極拳中，佔有極重要的地位，乃基本所在，即以我之靜，以制彼之動，乃是陰陽的呈現與應用，而能以柔弱勝剛強。

　　靜是靜而未動，以靜待彼之動，身靜心靜，靜以待動，身雖未見動，但由於心之靜，而能全神貫注，凝聚氣勁，充沛周身，一觸即動，快速無比。行功心解云：「彼不動，己不動；彼微動，己先動」即是言此。己身雖動，但心仍要靜，所謂動中求靜，乃能保

持身輕神敏，所以所謂以靜制動者，主在求心靜，先輩武禹襄氏云：「身雖動，心貴靜」，十三勢歌云：「靜中觸動動猶靜，因敵變化示神奇」，所謂靜者是心靜。心靜而能神專氣足，以資因應運用，非呆著不動。

彼若動，必生形象，既有形象，就有虛實，既有虛實，即有陰陽，我避其實而擊其虛，令彼不防，所謂出其不意，攻其無備，彼在不知不覺中落敗，亦不知是如何致敗，此即所謂的示神奇，乃取法太極，運用陰陽的作用。反之，我若主動攻擊，就無此機會，或將反為人所制，所以先聖曰：「我不敢為主而為客，不敢進寸而退尺」。太極拳欲以柔弱勝剛強，非如此不可，若以力大取勝，就失去本義，功夫再高，也無太極拳可言，太極拳是以智取，而非力勝。

（二）、以柔克剛

所謂柔，不僅是指身體的柔軟，更是指心性的柔弱，以不爭不抗之心為用。所謂剛，也不僅是指身體的堅硬，更是指心性的剛強，以拚鬥爭勝為用。所以以柔克剛，是以我之不爭，以勝彼之爭，彼以剛強的

方式攻我，我以柔弱的方式因應，陰中有陽，陽中有陰，彼必將為我所制，故先聖曰：「夫惟不爭，故天下莫能與之爭」。

彼若以大力快速攻來，我順勢退而化之，即是彼以剛強攻我，我以柔弱因應，彼之力因沒有著落，而作用全失，而我則安然無恙，反得先勢，更可乘勢擊之。彼之快與力又有何用，即是以我之柔，克彼之剛，其中蘊含陰陽消長之理，以我之陰因應彼之陽，能臻至境，在於著熟。拳論云：「由著熟而漸悟懂勁，由懂勁而階及神明」，若是運用以力拼鬥，即無陰陽，不可能是以柔弱勝剛強，所以拳論又云：「本是捨己從人，多誤捨近求遠」，捨己從人，是隨彼之動而動，不相抗爭；捨近求遠，是不作是圖，而以抗爭相對，不但不易取勝，反將為人所制，不走近路，走了遠路。

（三）、後發先至

後發先至，是彼先發動攻我，我以後動反能制彼。

要能後發先至，需先有以靜制動，以柔克剛之

用，非隨便就可先至，以求心靜神寧，化解彼力，搶其先機，則非運用陰陽不可。在太極拳即是虛實的運用，避其實而就其虛，運用彼之來襲之勢，取得先勢，著彼之身。此亦即是「靜中觸動動猶靜，因敵變化示神奇」，所以不能認為太極拳的慢沒有作用，快與慢全在神的反應，試觀魚在水中，靜而未動，觸之立即不見蹤影，外形的慢又何能真是慢！

有陰則有陽，有陽則有陰，動靜、剛柔、先後都是一陰一陽，運用陰陽消長之理，而能以柔弱勝剛強，離乎陰陽之理，是不可能達成的。太極拳要求「隨曲就伸」、「捨己從人」、「不丟不頂」，皆是陰陽消長的具體應用與實踐，是太極拳之為拳術的核心意義與原則。而能以靜制動，以柔克剛，後發先至，其精微巧妙，在於著熟，著熟是依此原則，運用純熟。

二、用的方法

太極拳雖有在外面的形式，卻完全是心中的法，這也就是說，並不是比外面姿式而有太極拳，而是在於運用心中的運作之法，以求功能與作用，也就是

功。由於以比外面姿式為太極拳，以致空無作用，一無所有。不知法，就不知太極拳。

　　法是拳法、著法、運作的方法，法本於理，乃理的體現，由於本於理，所以法中已有理。但也不能空有其法，有法就要有其功，法能符合拳理而有功，乃是真，背乎拳理不見功，都不能是法，必將枉費工夫。太極拳有其法，功要立竿見影可見才是法，才可天天練，天天有進步。

　　外面的是形狀姿式，太極拳正如一本書，是求內容而非外面的形式，可以只有心中的法，而可沒有外面的形，不可只有外面的形而沒有心中的法。經論歌譜所言全是法，乃前輩演拳的內容與方法，難明其意義，由於所言全是功深厚的境界，法有粗有細，有深有淺，茲將太極拳用的根本大法，也就是法的基本架構述之於次，本此由粗入微。

（一）、鬆柔不用力

　　太極拳之法，首在鬆柔不用力。

　　鬆柔不用力，乃是太極拳之為太極拳的基礎，功能與作用的根本所在，也是是非有無的準則，無鬆柔

不用力，就難有陰陽變化，就無太極拳可言，所以有「用力非太極」之言。

　　鬆柔與不用力是一體的，要鬆柔就不可用力，要不用力，就必須鬆柔，不可能用了力，還能鬆柔，也不可能鬆柔了，還能用力，有相互因果關係的存在。

　　由於太極拳是內家拳，是內練之功，並非外在肢體動作之能，不用力而求鬆柔，以求培養內勁，由於一般對於拳術，都只有外家拳的觀念，所以認為太極拳也是外面的拳架姿式，作用在於外面的姿式，懷疑太極拳的不用力，這是由於未明太極拳是內家拳，並非外面姿式，更是求拋棄外在肢體之能不用的拳術。太極拳要求鬆柔不用力，即是求棄有形的肢體不用的方法與手段，既鬆柔不用力，又何能使用外在肢體！所以鬆柔不用力，是太極拳的絕對要求，不用力是求使用內勁。

　　用力是硬力，是外力；不用力是柔力，是內勁，二者是相對等的存在的，用了外力就無內勁，有了內勁就無外力，所以拳經云：「有力則無氣，有氣則無力，無力則純剛」。內勁亦是意氣，即言力與勁是對等存在的，完全沒有了力，完全是內勁，就成了純

剛，所以言「極柔軟，然後能極堅剛」，因為愈柔軟不用力，內勁即愈強愈純。

　　所以沒有鬆柔不用力，是沒有太極拳的，若不能鬆柔，以一般拳術的觀念思考太極拳，認為太極拳是外面的拳架姿式，而運用方法，硬比外面姿式，如此何能鬆柔，乃是背道而馳，不可能有太極拳，不言可知，顯然在認知上有了不同與差異。

　　要能鬆柔，就要在動作中，運用方法求鬆柔，太極拳要求沉肩、墜肘、涵胸、拔背、鬆腰、坐胯，以及虛領頂勁，即都是求鬆柔身體的基本大法，凡內家拳都有類此要求，求將周身主要關節放鬆，也就是求棄周身本有之能不用，值得注意的是，此種要求乃是放鬆後在身上的感覺，並非刻意用力去做樣子，主要是要求放鬆，許多刻意求樣子，以致愈做愈僵，失去了原來的意義，成了反其道而行，例如若兩肩放鬆，就會有肩下沉的感覺，而稱沉肩，餘可類推。在任何姿式中，不是刻意要求姿式的如何，而是刻意求有此感覺，太極拳雖不能至，亦可相去不遠，若一時不能全部做到，可一個一個去學，而後能合而為一，可愈練愈精，這也是先輩楊澄甫氏所說的「非取形似，必

求意合」，譬如虛領頂勁，是用意將頭頸輕輕領正，以求頭頸部的鬆柔。

太極拳實無形象姿式可言，不可太著重外面形式的如何，能鬆柔不用力，任何姿式都可以是太極拳；不能鬆柔不用力，任何姿式都不可能成太極拳，外在姿式，只是運作內在之法的工具，並非太極拳的本體。茲將鬆柔與不用力，在太極拳中的作用與意義，分述如次：

1、不用力的作用與意義

一般對於拳術，都認為拳術是必須用力的，力愈大愈好，而不知不用力是內家拳的根本，其功遠勝於用力，用力勞累筋骨，損傷氣血，且難持久；不用力，是舒養筋骨，和順氣血，可以持久，不但是在培養內勁，以為拳術之體，更可養生祛病，益壽延年，是養生之功，由於要有後天的學習，所以少為人知。所謂「用意不用力」，其不用力是用意，是求意的作用。

外家拳用力，並非就不用意，也是要用意的，是用意又用力，兩者都用；內家拳用意不用力，是心

中只用意而不用力，但並不是就沒有了作用，還是能有作用的，是意的作用，乃是在培養內勁，雖不為人知，但乃內家拳之寶，太極拳的體用之本，真正的價值與意義所在，不同於一般的肢體運動，茲為便於明瞭，舉例說明如次。

例如，將雙臂在胸前平舉，若心中用力，臂自不會下墜，如心中不用力只用意，可發現還是可以平舉的，如果連意都不用，必然立即下墜，由此可證，只用意還是有作用的，是意的作用，也就是用意不用力，這個意的作用即是內勁，是不用力的力，且可以有氣感，久練以後，臂就不易被人壓下，是內勁的作用，但練時心中一定要完全不用力，才能有進步。

又如，若以拳套中任何一式，在動作中，心中不求外面形式而是用意求不用力，求愈慢、愈輕、愈鬆，如真能做到，必有氣感產生，這是在養氣養勁，若持之以恆，即有養生之益。若心中著意於外在形式，必將用到力，必然感覺全無，成了一個毫無作用的形狀姿式，這也是初學時心中的無形無象。

用力是求外力，不用力而用意，是求內勁，所以二者是對等存在的，有了外力就沒有內勁，有了內勁

就沒有外力，故有「愈不用力力愈大，愈輕力愈強」之言，愈大愈強的是指內勁，故拳經亦云：「有力則無氣，有氣則無力，無力則純剛」，完全沒有了力，全是內勁乃是純剛，行功心解云：「極柔軟，然後能極堅剛」亦是言此，不用力而後有內勁的作用，由於不知內勁，所以難明其意義。

　　硬與剛是不同的，不能認為硬就是剛，剛就是硬。硬是人人生來都能，人人只要心中一用力，就能硬，這是用力的作用，所以硬了就不能軟，軟了就不能硬，硬與軟不能同時存在，由於是硬而非剛，剛是不同的，是由不用力而成，不用力而能柔，柔而能剛，乃是意的作用，即是所謂的「用意不用力」，前已舉例說明。而能剛柔一體並存，所謂柔中寓剛，剛中寓柔，而為太極勁。先輩陳鑫氏云：「不可以剛名，亦不可以柔名，直以太極之無名名之」，此亦即是太極拳的內勁，由於剛柔一體而為太極勁，乃太極拳的體之所在，沒有體也就沒有拳，所以先輩孫祿堂氏云：「拳術之內勁，實為人身之基礎」，亦即是言內勁是體之所在。

　　由此可見，一般往往懷疑太極拳不用力，何能為

拳術，乃是由於內勁要由後天的學習，而不知不用力是太極拳的根本所在，故十三勢歌云：「入門引路須口授，功夫無息法自修」。

2、鬆柔的作用與意義

太極拳之求鬆柔，不但是為了求剛，更是為了求取法太極，運用陰陽，有鬆柔而能有變化，有變化而能有陰陽，而能以柔弱勝剛強，乃太極拳之為太極拳的本質本性所在，是道家思想的具體實踐與體現，先聖老子曰：「天下之至柔，馳騁天下之至堅」，又曰：「天下莫柔弱於水，而攻堅剛莫之能勝」，皆言柔弱之能勝剛強。太極拳本於陰陽之理，而能具體的實踐與呈現，離乎太極是不可能呈現的，由於理本太極而為太極拳。茲將鬆柔之益，分述如次：

(1)以弱勝強

鬆柔就需不用力，乃是求柔弱，柔弱並不是就沒有力量，乃是最大的力量，不但有內勁，彼若以大力攻來，我示以柔弱，鬆開我身，順勢退讓，任何大力，必將無所著落，而消失於無有，作用全無，可見

使用柔弱，又何嘗是柔弱，乃智慧的運用，本於陰陽之理，以逸待勞，不戰而屈人之兵。

此乃太極拳本乎陰陽，以弱勝強的基本原則，有陰有陽，而有太極，拳法要求「捨己從人」、「任他巨力來打我」、「引進落空」、「順人之勢，借人之力」、「隨曲就伸」、「不頂不抗」、「沾連粘隨」，皆是本此同一的道理，而能以柔弱勝剛強，此非以堅硬之體可以應用，要能周身鬆柔而能周身一體變化，所謂周身一太極，產生以柔克剛的效果。

(2)養生益壽

太極拳求鬆柔，不但可以以柔弱勝剛強，更是求養生祛病，益壽延年。由於人體之健康，有賴於氣血和通，太極拳求鬆柔，可以舒放血脈，促進周身氣血自然循環，以舒養筋骨，而非勞累筋骨，而能養生祛病，益壽延年，此並非虛言。習拳多年而許多無此效益，乃由於受先入為主的觀念的影響，操作外在姿式，因而不能鬆柔，乃是一般性的姿式運動，全無太極拳可言，太極拳豈能僅是簡單的形狀姿式！何況太極拳不在外面姿式！

此養生之功，並非要功夫如何之深，才能有作用，在於是否有求柔之法，得求柔之法，不在於時間的長短，作用是立竿見影可見的，以起勢式為例，身體自然站立，心中全無人為作為，在動作中、心中求慢、輕、不用力，即使初次學習，手上也是有氣感產生，心中並求周身的鬆放，有了氣感，即有養生之益。若運用方法，刻意有為，硬比外面形式，則又當別論。

(3)培養內勁

先輩孫祿堂氏云：「拳術之內勁，實為人身之基礎」，太極拳之體並非身體，而是內勁，即言內勁乃拳術之體，沒有體也就沒有拳，可見沒有內勁，也就無從談太極拳，太極拳求鬆柔，即是為了培養內勁。

拳術有兩種力量，一是心中求用力，求堅硬的力，乃是外力；一是心中求不用力，求柔軟的力，乃是內勁，內勁是剛柔一體的勁，即所謂用意不用力，在動作中、心中要有不用力之心，只有用意的思想，也就是求鬆柔，乃是培養內勁，若持恆久練，則非同小可，不但可以養生益壽，內勁更是愈練愈強，屆

時心中愈求鬆柔，內勁愈強，這也就是所謂的「極柔軟，然後能極堅剛」。所謂名師易得，明師難求，若未得傳授，可在動作中專心求鬆柔，要鬆柔心中就要不用力，如此以練體，有體而能有用，一般多為先入為主的拳架姿式觀念所誤，太極拳的功在於鬆柔，不在形式，能柔萬式成，一柔破萬招。

(4)沾連粘隨

沾連粘隨之本在於鬆柔，能鬆柔而有內勁，有內勁而能沾連粘隨，有沾連粘隨而有太極拳。

沾連粘隨乃是一體的，能沾就能連，能連就能粘，能粘就能隨，全在於心中的運用，全是內勁的作用，乃太極拳運作的實體所在，遠非一般的肢體動作，是周身內外一體的運動，即是所謂的周身一家，由於柔軟而能周身變化，而能有所謂「渾身化勁渾身勁」，也可以說成是「渾身發勁渾身勁」，因為又可以用之於化，也可以用之於發，要竟此境，非周身鬆柔不可。

(5)令人不知

太極拳的最高境界，乃是令人不知，拳論云：「人不知我，我獨知人，英雄所向無敵，蓋皆由此而及也」。

其能令人不知，作用在於鬆柔，化有形之身為無形，身有僵硬，令人有所著落，而令人知；身能鬆柔，令人無所著落，而能不為人知，此即是真義歌所言「無形無象，全身透空」，雖有身而若無身，是太極拳的最高境界，我既沒有了身，人又何能攻我！所以先聖老子曰：「吾所以有大患者，為吾有身，及吾無身，吾有何患？」。太極拳乃道家的思想，要符合道家的道理，事實上太極拳一切的法，都是為了求鬆柔，由於有動作必會產生僵硬，所以要有鬆柔之法，若是用了方法，反生僵硬，目的與作用何在？何年何月能夠鬆柔？顯然非其法，是不可能有太極拳的。

一般多為拳架姿式的觀念所誤，一談太極拳，都認為太極拳是一套拳架姿式，而不知經歌宗師，都有明示太極拳不在外面姿式，可見打拳架姿式何有太極拳？以致枉費功夫！所以一動就僵，顯然與太極拳的要求有了矛盾，從有了形狀姿式，雖言如何如何，實

全無作用可見，就已具體說明了一切，是自古以來，太極拳令人難知的原因所在，對太極拳傳承所產生的影響，實是值得深思的一件大事，使有心於學習太極拳，也無從學到太極拳，所以各家先輩宗師都提示，太極拳不在外面姿式。

(6)周身彈簧力

行功心解云：「極柔軟，然後能極堅剛」，這句話用於太極拳是非常的適切，由於太極拳求鬆柔，而有內勁，內勁柔中寓剛，愈柔愈剛愈強，而能極柔軟，然後能極堅剛，但非鬆柔不可，此就是內勁，乃太極拳的基本勁。若既不用力，又無內勁，只求形式，真是成了全無作用的形狀姿式。許多苦於久練無功，即是由於空求形式，而無從自知，受先入為主的觀念的影響，深深認為外面形狀姿式是太極拳，雖經歌宗師有言，仍堅信不移，以致雖勤學苦練，終致終其生難以得見太極拳，無比可惜。

以上是舉例而言，鬆柔在太極拳是全面性的，處處不能無鬆柔，刻刻不能離鬆柔，凡是太極拳的敗，都是由於失去鬆柔，犯了僵硬，而生頂抗，若能鬆

柔，彼又何能制我！「及吾無身，吾有何患」。太極拳並非難學，所以難學，由於拘於先入為主的觀念，失去了方向，十三勢歌云：「若不向此推求去，枉費工夫貽嘆息」，盲從盲學，不但失去了意義與價值，更是永遠空無所有。拳論云：「差之毫釐，謬以千里，學者不可不詳辨焉」，有此之言，可見太極拳的難學，由於失去方向，輾轉相傳，自古有之。

（二）、不丟不頂

不丟不頂，乃是運用陰陽，取法太極，而為拳術的基本法則。

不丟，是不可脫離，脫離了就陰陽分離；不頂，是不可相頂，相頂了就無陰陽變易。所以不丟不頂乃是陰不離陽，陽不離陰，陰消陽長，陽消陰長，才能是太極拳。

沒有陰陽，也就沒有太極拳，所以太極拳要求鬆柔，有鬆柔之體，而有不丟不頂之用。鬆柔乃是體，不丟不頂乃是用，是太極拳體用之本所在，以體現太極變易的自然法則，陰不離陽，陽不離陰，陰消陽長，陽消陰長，進而陰極生陽，陽極生陰，陰中

有陽，陽中有陰，能有此，乃能將太極之理，用諸於拳術，而能為太極拳，全在於心中的運用，不在於外面形式的如何，拳論云：「雖變化萬端，而理為一貫」，即言此陰陽變易雖變化萬端，而變易的規則是不變的。又云：「由著熟而漸悟懂勁，由懂勁而階及神明」，著熟即是指此陰陽變化的運用純熟。

不丟不頂，也就是沾連粘隨，有不丟不頂而有沾連粘隨，有沾連粘隨而有不丟不頂，也就是拳論所言「無過不及，隨曲就伸」，皆是體現陰陽，取法太極，可見太極拳之為太極拳，乃是本於陰陽之理，有陰陽之理而有太極拳，並非有了形狀姿式而有太極拳。既言陰陽，就要有陰陽的實際作用，如無作用，也是空言陰陽，不可能有太極拳。

不頂，乃是太極拳重要的基本大法，不頂而能有變化，有變化而能有太極，有太極而能有太極拳，乃是智慧的運用，非關乎力的抗爭，拳論所言，皆是言不頂，諸如「隨曲就伸」、「捨己從人」、「一羽不能加，蠅蟲不能落」、「左重則左虛，右重則右杳。仰之則彌高，俯之則彌深。進之則愈長，退之則愈促」，都是言求以不頂為用，其中自仍要有不丟，而

能有太極。

隨曲就伸—隨彼之伸而我曲，就彼之曲而我伸，伸是進，曲是退，不即不離，形影相隨。

捨己從人—隨彼之動而動，也就是隨曲就伸。

一羽不能加，蠅蟲不能落—是言一根羽毛之力，一隻蠅蟲之重，都不能被人加到，也不可以加之於人，若有加到，即生頂抗，就無太極可言，即將為人所知，為人所發放。

左重則左虛，右重則右杳—虛與杳都是言空無，彼攻我左邊，我左邊虛讓；彼攻我右邊，我右邊虛讓。

仰之則彌高，俯之則彌深—彼欲使我向上，我隨之向上，愈上愈高；彼欲使我向下，我隨之向下，愈下愈低。

進之則愈長，退之則愈促—彼欲使我前進，我隨之前進，愈進愈長；彼欲使我後退，我隨之後退，我愈退，彼愈感侷促不穩。

這完全是體現陰陽之理，不頂不抗，在此過程中，要做到緩急相隨，形影不離，方是不丟不頂，陰陽相濟，體現太極。我全順應彼意，不與相爭，彼又

何能勝我？所以先聖老子曰：「夫惟不爭，故天下莫能與之爭」，而我則可以運用陰陽，隨時擊之，寓勝於不爭之中。反之，若與之相抗，拚鬥相爭，產生頂抗，就無太極可言，不能順利取勝，即是捨近求遠。

所以拳論又云：「每見數年純功，不能運化者，率皆自為人制，雙重之病未悟耳」。值得注意的是，所謂雙重，就是相頂，雙方用力相頂，都受有重力，所以是雙重，言每見練了數年太極拳，不能勝人，反動輒為人所制，由於未能悟明其缺失在於雙重，也就是相頂，何止只是數年，往往練了數十年還是這樣，認為相頂可取勝，而不知實是致敗之因，必將為明太極拳者所制，所以拳論又云：「欲避此病，須知陰陽」，又云：「由著熟而漸悟懂勁，由懂勁而階及神明」。須知陰陽是不要相頂，我不頂會令彼落空，乃至失控，就已化解了彼之來力，就有了陰陽，這是練的功夫，是智慧。著熟是練習純熟，所以太極拳完全不同於一般觀念中的拳術，不能以一般拳術的觀念思考太極拳。

由於太極拳難為人知，學習太極拳，往往為一般拳術的觀念所誤，是陷於迷途的最大原因，而致「率

皆自為人制」。所以拳論又特別提出云：「斯技旁門甚多，雖勢有區別，概不外壯欺弱、慢讓快耳。有力打無力，手慢讓手快，是皆先天自然之能，非關學力而有也」。斯技是指拳術這門功夫，旁門是指旁種的拳術，太極拳以外的拳術，言這種拳術種類很多，外型雖有不同，都不外是用先天本有的肢體動作，以快與力取勝，凡此皆非太極拳。太極拳是後天學習的智能，寓勝於不爭之中，前言不丟不頂，隨曲就伸，捨己從人，都是在後天修習的功夫，內中即蘊含有陰陽之變化，拳論之中已有諸多說明。由此可見，太極拳令人難知的最主要原因，往往為一般拳術觀念所誤，自古有之。所以拳論又云：「本是捨己從人，多誤捨近求遠，差之毫釐，謬以千里，學者不可不詳辨焉」，本以捨己從人，就可以不爭取勝，捨近就遠，是不作是圖，以抗爭相應，不但不易取勝，更將反為人所制，乃是禁示之言。

綜上所言，太極拳以鬆柔為體，不丟不頂為用，全是運用陰陽，取法太極，而為太極拳，由於非先天本有之能，而是要後天學習的藝術，所以可以愈練愈精，階及神明，要能真正遵照理法去實行，方是真正

練太極拳。若用先天本有動作，由於生來即會，學的只是一個形狀姿式，況且太極拳又不在外面姿式，所以一無所有，值得深思明辨。

第二章 | **太極拳的特性**

太極拳理本太極，太極陰陽之理只有一個，所以太極拳也只有一種，並無多種，此理先輩王宗岳氏在其拳論中有精詳的闡述，明確的說明陰陽之理，如何用之於拳術，實為太極拳之為太極拳的宗義，有此拳論的存在，太極拳不會失傳，也不會被誤導。

第一節、**太極拳只有一種**

拳術不外體與用，在體，由於太極拳是內家拳，是內練之功，所以不同於一般性的肢體動作。一般性的肢體動作，人人生來都會，用以比外面姿式，所學的只是姿式，太極拳不可能只是一個姿式，又不可用力，外面姿式一無作用，是可以想見的，可見不能因為姿式的不同而有不同的太極拳，不言可知，由於是內練之功，不用力而求鬆柔，舒暢筋骨，和通氣血，而能養生祛病，益壽延年，一般認為太極拳可以養生，即在於此，顯非因為有了外在姿式，而能養生益壽。

在用，由於取法太極，運用陰陽，而能以柔弱勝剛強，由於理本太極而為太極拳，也非因為有了外在姿

式，而有陰陽，而能以柔弱勝剛強，而是要明陰陽之理，陰陽之理，只有一個，所以太極拳也只有一種。

　　所以太極拳，是學內練之功以為「體」，明陰陽變易之理以為「用」。學習太極拳往往受先入為主的觀念所誤，只求外面姿式，以致空有形式，一無所有。由此可知，求外面姿式，何有內練之功，何有陰陽變易之功，只是一個形狀姿式而已，是太極拳久練無成的最根本原因。可以想見的，經歌宗師既已明示，不在外面姿式，會了外面姿式，何能是學了太極拳！

　　由於輾轉相傳，完全失去了本義，愈傳愈遠，太極拳本不在外面姿式，而完全以外面姿式為太極拳，認為不同的姿式，是不同的太極拳，學習者由於不知，受了先入為主的觀念的影響，深深誤認為是太極拳。更是由於不知內練之功，以致只有形式而無太極拳，從有了形式全無作用，就已說明了一切。經歌宗師既言不在外面姿式，會了外面姿式何能是已學了太極拳，值得深究明辨。

　　理只有一個，所以太極拳也只有一種，無門派之別，不會因為門派的不同，而有不同的太極拳，只有

「有無」之分，無「門派」之別，既不在外面姿式，更無可能因為外面姿式的不同，而有不同的太極拳。

第二節、**太極拳似慢實快**

拳術的制勝之道，一般都知在於快，而太極拳動作緩慢，令人不解，覺得不能致用，其實要知，慢實是太極拳之至寶，太極拳的一切，都是在慢中產生。

首先，拳術的快慢，不在動作的快慢，而在於神的反應，許多講求快的拳術，練時雖快，用時未必都快，有快有慢，甚至靜止不動，全在用神，專注於對手的動靜，覓己之先機，相機而動，所以練時的快，並不完全決定用時的快，魚在水中雖慢，若欲觸之，瞬即不見，可見形之慢，何損於動之快！

太極拳是內家拳，其作用在於內練之功，不在外在動作，外在動作是肢體運動的關節動作，所以有外形之快；太極拳是內練之功，是內在意氣勁的運行，無須形之快速，以求心靜神靈，乃能養神運氣。動愈慢，心愈靜，神愈敏，反應愈快，是一定的道理。動作是不可能快的，一快即心浮神亂，非內練之法，行功心解云：「意氣須換得靈，乃有圓活之趣，所謂轉

變虛實也」，「行氣如九曲珠，無微不至」，都無須慌張快速，而求心靜神寧，一旦作出反應，快速無比，久練可以達到神形合一之境。若不作內練，只求外在形式的緩慢，外在姿式自是全無作用，作個樣式而已。

只求外在的姿式動作，是一般性的運動，只有一般運動的效益，全無太極拳之功，若要證明「慢」的作用，就要用上心神意，在姿式動作中，必須放棄比形式的思維，專心一意求輕、慢、不用力，即有氣感產生，久練亦有養生之益，得益匪淺。心中若有比外面形式之想，氣感立即消失，一試便知。

第三節、**太極拳在內不在外**

任何姿式都可以是太極拳，並非一定要有何種一定樣式的姿式，才能是太極拳。

學習太極拳，往往為外面的姿式的觀念所誤，認為太極拳是外面的姿式，一定要有了定招定式的姿式才是太極拳，以為打太極拳是比外面姿式，但太極拳全非如此，完全不在外面姿式，並非一定要有何種樣式才是太極拳，任何姿式都可以打太極拳，都可以是

太極拳。

　　太極拳全在於心中的運作，不在於外面姿式的如何，外面姿式是完全沒有作用的，正如一輛汽車，作用在於內在機械，不在外面樣式，能知運作之法而能有功，任何姿式都可以練太極拳，都可以是太極拳。不知運作之法自無功可言，任何姿式都不可能有太極拳的作用，所以拳經云：「凡此皆是意，不在外面」，先輩楊澄甫氏云：「非取形似，必求意合」，「意合」就是運用運作之法，而能有功產生。如果不知內在運作，反運用方法硬比外面姿式，必會產生僵硬，以致空有形式，而無太極拳。可以想見的，太極拳豈能只是外面的姿式，比了姿式何能有太極拳？

　　太極拳不同於一般觀念中的拳術，一般拳術由於是用力的，所以可以在外面姿式；太極拳不可用力，求外面姿式全無作用，應是必然的道理。所以太極拳是用心中之法，求內練之功，並非在於一定樣式的姿式，外面姿式是可以自由改變創造的，所以真義歌云：「無形無象」，十三勢歌云：「仔細留心向推求，屈伸開合聽自由」，「聽自由」也就是無形無象，外在形式可以自由自在，不拘於何種樣式，經歌宗師皆言不在外面姿式，原因即在於此。

由於太極拳不同於一般的拳術，所以難為人知，輾轉相傳，太極拳本不在外面姿式，如果以外面的姿式為太極拳，雖空無作用，而仍深深誤認為是太極拳，以致勤學苦練難成難明，是學太極拳難以有成的原因所在。太極拳既不在外面形式，求外面姿式顯然不可能有太極拳，所以先輩楊澄甫誠告學者云：「願後之學者，弗惟外之是騖，而惟內之是求」，太極拳根本不可能是外面形式的，求一定樣式的姿式，就非要比外面姿式不可，由是必生僵硬，不可鬆柔，反成了所謂的死招死式，顯然與太極拳是背道而馳的，值得深究明辨。要能鬆柔，心中就不可拘於外面形式，而要求內練之功，無內練之功，空求形式是沒有用的。

第四節、**太極拳之修身養性**

太極拳的難知，由於太極拳反乎一般觀念中的拳術，一般拳術都尚勇武鬥狠，太極拳則不同，以謙讓不爭為用，寓功於不爭之中，陰中有陽，陽中有陰，以謙讓不爭照樣可以取勝，所以不同於一般觀念中的拳術，經譜要求「隨曲就伸」、「捨己從人」、「任

他巨力來打我」、「順人之勢」、「引進落空」，皆是以退讓不爭因應來攻，乃是太極拳的本性本質所在，所以太極拳雖是拳術，實是心性之修為，我不爭不抗，順勢退讓，彼之來力就無所著落，又何能敗我！所以先聖老子曰：「夫惟不爭，故天下莫能與之爭」，拳論云：「一羽不能加，蠅蟲不能落，人不知我，我獨知人，英雄所向無敵，蓋皆由此而及也」，也是言不爭而能取勝。

有陰則有陽，有陽則有陰，由於本於陰陽之理，而能寓勝於不爭。若我運用頂抗，彼之力就能產生作用，乃是我助彼來攻我，就無陰陽，就非太極拳。此即是拳論所言的雙重，乃太極拳的大忌，所以拳論又云：「本是捨己從人，多誤捨近求遠」，我若退讓，彼之力即可輕易消失，我可不戰而屈人之兵，誤用頂抗方式，反不能成事，所以是捨近求遠，太極拳愈柔弱愈能剛強，先聖云：「天下之至柔，馳騁天下之至堅」，太極拳是具體的體現，有其理，只要有其法，就可有所成。

所以拳術有以勇武鬥狠，與以謙讓不爭之分，勇武鬥狠是先天本有之能，人人生來都知；謙讓不爭，

則是後天的修行，智慧的運用，待退盡勇武鬥狠之心，至爐火純青，乃是太極拳的最高境界，也就是返璞歸真之功，所以道家有言云：「退後天之純陰，返先天之真陽，復本來之真面目，歸自己之真性命」。太極拳是道家思想的具體修為與體現，所以太極拳雖是拳術，實是心性的修為，入道之門。

第五節、太極拳以鬆柔為本

一般對太極拳的認知，無不認為太極拳是一套拳架姿式，打了外面姿式是打了太極拳，但要知，這樣是全無太極拳可言的，只是一個毫無作用的形狀姿式，何況太極拳又不在外面的姿式。

太極拳本身是拳術，並非為了比外面的姿式，或認為太極拳術的作用本在於外面姿式，這實是一個至關重要的誤會，太極拳不同於一般觀念中所知的外家拳，不可用力，作用完全不在外面姿式。如果僅在外面姿式求太極拳，久學無成是可以想見的。經歌宗師既已言太極拳不在外面姿式，求外面姿式還何能是太極拳？不言可知，顯然不能認為練外面姿式可以有太極拳，即使是拳術，顯然也不可能是太極拳，何況毫

無作用可見。

　　太極拳不在外面姿式，由於是內練之功，若無緣求得，可從求鬆柔不用力入手。堅硬用力，是外在肢體動作的作用，是一般性的關節運動，人人生來都會，乃外家拳的動作；不用力而能鬆柔，是求棄外在肢體動作的作用不用，而求內在的力量，乃是內勁，而能產生極柔軟而後能堅剛的作用，不論何種姿式，即會有氣感產生，即可證明鬆柔不用力的作用。若心求比外面姿式，就完全不同。由是可知，經歌宗師言太極拳不在外面姿式的原因所在，太極拳不用力而能為拳術的原因，由於是運作內勁，可以愈練愈強，也就是行功心解所言的「運勁如百煉鋼」，往往求鬆柔不用力，而仍無感覺，由於心中仍在求比外面姿式，所以雖言鬆柔，實未鬆柔，從心求外面姿式，一動就僵，就可證明是反乎太極拳的。

　　太極拳之用在於推手，練拳架姿式的目的，即是在求練推手，所以太極拳是拳術，否則練架式的目的又是何在？不能認為太極拳的目的，只是為了打外面的姿式。推手之功在於心中的運作之法，即是所謂的著法，是拳法、功法，打太極拳的方法。論經歌解所

言，全是體與用的著法，是先輩練太極拳所得的經驗與心得的承傳，乃太極拳的本體所在，也是養生的作用所在。鬆柔不用力也是著法，著法是心中運作的方法，任何姿式都可以練著法，所以任何姿式都可以是太極拳。由於不知著法，太極拳本非外面姿式，而求外面姿式，所以空無所有。

會了拳架姿式，就應會推手，會了推手才是會了太極拳，不知推手，乃是空形假象，太極拳可以只有推手而無拳架姿式，不可只有拳架姿式而不會推手，學者由於不知，而深深認為有了架式就有了太極拳，以致只有形式而無太極拳。拳架姿式和推手是不可分而言之的，並非推手是推手，拳架是拳架，不知推手，拳架的目的何在？可以想見的，創太極拳的目的，不可能只是為了打外面的一套姿式而全無作用。

所以有「無人若有人，有人若無人」之言，「無人若有人」，是言自己一個人打拳，假想有人來犯，與之因應，乃是練神與氣，運作心中之法；「有人若無人」，是言與人對手，心中要視若無人，不慌不忙，沉著因應，乃可周身空鬆，不為人知。一人練拳，已全神貫注於功法之中，專心一意於心中的運

作，哪還有餘神去聽音樂！相傳先輩練拳，常有喜怒不同的表情形之於外，即是由於用神，而有不同表情形於外。只求外面形式，遠無太極拳。

第六節、**與外家拳的不同**

概言之，拳術只有外家與內家兩種，即用力與不用力之分，外家拳用力，內家拳不用力。外家拳用力，是使用有形的肢體的力，是外力，是使用有形的肢體的拳術，人人生來都能。內家拳不用力，是棄有形的肢體不用的拳術，運用意氣，是內勁，非人生而能知，要有後天的學習，所以難為人知，亦即俗諺所云：「外練筋骨皮，內練一口氣」，簡明的分別了外練與內練的不同，一是外功，一是內功，二者雖都可是拳術，但其本質完全不同，各有其不同的功能與作用，意義與價值，所以要知太極拳首先要明辨外家拳與內家拳的不同。

一、**不能作同樣的思考**

用力與不用力，畢竟是兩件完全不同的事，不但不同，更是完全相反，所以外家拳與內家拳完全不

同，不能作同樣的思考，是用力就非不用力，是不用力就非用力。外家拳因為用力，毫無疑問，可以使用外在姿式；太極拳不用力，外在姿式不可能有作用，應是可以想見的，其不在外面姿式，由於是內練之功，乃是內勁，所以經歌宗師都言不在外面姿式，由此可見，難明太極拳，由於以外家拳的觀念思考，在外面姿式求太極拳，是太極拳難成的根本原因。

外家拳與太極拳的拳架姿式，亦各有其不同的作用與意義，外家拳因為用力，每招每式都是求對外使用；太極拳不用力就不同，一切姿式的作用與目的，都是為了對內內練，經歌所言的無不都是內練之功，所以求外面姿式，是沒有作用的形狀姿式，即使有對外使用的形式，也是求啟發內練之功，所以先輩陳鑫氏云：「外之所形，莫非內之所發」，先輩楊澄甫氏云：「弗惟外之是騖，而惟內之是求」，不知內練而求外形，尚未知太極拳，不言可知，太極拳由是而為人不知。

二、價值與意義的差異

外家拳由於用力，是體力的消耗，勞累筋骨，

不能持久。太極拳用意不用力,是和順氣血,舒養筋骨,是體能的蓄養,不但可以養生祛病,益壽延年,更可以修練內勁,作為拳術之體,內勁愈強,體能愈壯,拳術愈高,十三勢歌云:「詳推用意終何在?益壽延年不老春」。雖然是言太極拳謙讓不爭,品質高雅,目的在於修養身心,但拳術已在其中,由於二者皆本於修習內練之功,養生與拳術雖二實一,所以在太極拳,養生就是練拳,練拳就是養生,以養生來練拳,以練拳來養生,在養生中練拳,在練拳中養生,養生與練拳一體並存,並非有了外在姿式而有此功,所以經歌宗師言不在外面姿式。

三、不可互用

　　由於內練之功,不為人知,往往質疑太極拳又慢又不用力,不可能有作用,一定要用些外家拳的方式。要知用了外家拳的方式,就已是外家拳了,不再是太極拳了。外家拳用快與力,是先天本有之能,人人生來都能;太極拳不用力,作用在於內練之功,是要有後天的學習的,所以先師王宗岳氏在拳論中言快與力云:「是皆先天自然之能,非關學力而有也」,

即是說明了外家拳與太極拳的不同，難有太極拳之功，乃由於以先天自然之能為太極拳。

在拳術的使用上，外家拳可以使用太極拳的技法，不會受損害；在太極拳中，是絕對不可用外家拳的觀念與方式的，一使用即生硬僵，有了主動，使平日修習之功，全功盡棄，在思想上是連想都不可這樣想的，先輩郭雲深氏云：「有形有意都是假，拳到無心方見真」，有形有意即是外家拳的理念與方式。又拳經云：「拳無拳，意無意，無意之中是真意」，也是同樣的意義，心中有拳有意，乃是外家拳的觀念，與太極拳背道而馳，主張用外家拳於太極拳中，是由於尚未知太極拳的作用。

四、要有信心

外家拳求快與力，太極拳求慢與不用力，雖令人覺得不能有作用，實是太極拳的至寶。外家拳求的是外在肢體之能；太極拳是內練之功，慢而不用力，是求棄先天肢體之能不用，運作內練之功，外形雖慢，內在氣機快慢由心，極為靈敏，所以不同於一般觀念中的拳術，以一般拳術的觀念，是無從理解與學習

的，先輩陳鑫氏云：「拳在我心，我心中天機流動，活潑潑地，觸處皆拳，非世之以拳為拳者比也」，天機流動即是言內練之功，所以要有後天的學習，沒有學習又何能知道，乃是內家拳之秘，為保護身家，拳家都不輕易授人，所以言拳為知己者吐，若無誠敬，何能怪人之不傳！其不用力是修習內勁，其慢是專心專意練神養氣，雖慢實快，修臻至境，而能神形合一，其迅無比，神動氣動，氣動勁動，勁動形動，一氣呵成。

第三章 | **本於道家之思想**

　　一陰一陽之謂道，太極拳雖是拳術，實是道家的思想，是一個思想與哲理，並非因為有了拳架姿式而有太極拳，太極拳完全不在外面的姿式，是內在意涵，外面的是形狀姿式，無關乎太極拳的作用與有無。

　　太極拳的難明，由於道家思想，反乎一般的世俗的觀念與認知，因此太極拳也與一般世俗的思想相反，由是而令人難明。先聖老子曰：「反者道之動，弱者道之用」，即言道是反向的作為，又曰：「正言若反」，「玄德深矣，遠矣，與物反矣」，道家思想雖深遠難明，但太極拳乃是具體的體現與證驗，可以在太極拳中具體的體現與證驗出來，從太極拳是拳術而不可用力，以不抗不爭為用，即具體的說明是反向的作為。至於此理如何用諸於拳術，先輩王宗岳先師在其「拳論」中，有詳盡的說明，先輩李亦畬氏云：「太極拳不知始自何人，其精微巧妙，王宗岳論詳且盡矣」，先輩孫祿堂氏云：「創此太極拳術，其精微奧妙，山右王宗岳先生，論之詳矣」，先輩武禹襄

氏，得此拳論，據以研修，其心得與經驗，即是現今流行的拳經與十三勢行功心解。

準此而言，由是可見，太極拳不同於一般拳術，是反乎一般的觀念與認知的，以一般拳術的觀念來思考，是無從理解與學習的，先輩陳鑫氏即云：「非世之以拳為拳者比也」，太極拳既是道家的思想，自與先聖之言句句有關，茲就太極拳與先聖道德經有明顯關聯章句，錄之於次，以利了解太極拳，實為道家思想的具體證驗與修為。

一、「夫惟不爭，故天下莫能與之爭」(二十二章)

釋：這句話是太極拳之為拳術的基本原則與理念。

言只要我不與人爭，天下就沒有人可以與我爭，陰中有陽，陽中有陰，這是道家無為而無不為的思想，太極拳本於此理，運用陰陽，以不爭為用，而能以柔弱勝剛強。

在太極拳的拳法中，要求「捨己從人」，「任他巨力來打我」，「隨曲就伸」，「順人之勢，借人之力」，「引進落空」，「左重則左虛，右重則右杳」

等，無不都是以不爭為用，本於陰極生陽，陽極生陰，陰中有陽，陽中有陰之理，以不爭而勝。

二、「曲則全，枉則直」（二十二章）

釋：「曲」是退卻，即是不爭；「全」是成全，即是獲勝，言我以退卻反可得到勝利；「枉」是彎，言彎了才能有伸直的能量，這也是曲，曲了才能直。

太極拳即本於此理而為拳術，人若用力來攻，我不予頂抗，而以順勢退而讓之因應，彼力必因無著落，而作用全失，我則能安然無恙，這謂之化，化解彼力。我因退而蓄了勁，有發放的能量，是枉則直，可放而發之。只要我能退讓，彼任何大力，都能化解於無有，而能以弱勝強，體現了「反者道之動；弱者道之用」（四十章）、「夫惟不爭，故天下莫能與之爭」的道理。

這是理，實際運用應有其法，太極拳所修習者，全是因應外力之法。拳論云：「由著熟而漸悟懂勁，由懂勁而階及神明」，著有其法，所謂著法。

三、「道常無為而無不為」(三十七章)

釋：無為是純任自然，不作絲毫人為，無不為是，不做任何作為而能產生具有作用的成果，是道家思想的根本，也是太極拳之為拳術的基本理念。在太極拳中可以具體的證驗與體現出來，太極拳是拳術，而求鬆柔不用力，以不頂不抗，捨己從人為用，即是求無為，以化解來力使之無著落而落空，作用全失而獲勝，即是無不為。

凡太極拳的拳法，都是本於無為而無不為，求被動而不作主動，先輩郭雲深氏云「有形有意都是假，拳到無心方見真」，有形有意是有了作為，都是假的，要沒有這種有為的思想，而能產生作用，才是真的。所以先聖又曰：「用兵有言，吾不敢為主，而為客；不敢進寸，而退尺」（六十九章），乃是本於陰陽之理，太極拳是具體的體現。可見太極拳完全本於道家的思想。

四、「天下之至柔，馳騁天下之至堅」(四十三章)

釋：這不是說以病弱之身，可以抗衡強壯之體，而是言思想，運用柔弱的方式，致勝運用堅強的方

式，是言運用的方式與思想，也就是無為而無不為。

　　例如，彼以巨力攻來，我順勢而退，彼力完全失去作用，即是以至柔的方式，抗衡至堅的方式，乃是太極拳的基本理念，乃是本於太極之理，陰消陽長，陽消陰長，離此是不可能以弱勝強的。

五、「我有三寶，持而保之。一曰慈，二曰儉，
　　三曰不敢為天下先。慈故能勇；儉故能廣；
　　不敢為天下先，故能成器長。今舍慈且勇；
　　舍儉且廣；舍後且先；死矣！夫慈，以戰則
　　勝，以守則固。天將救之，以慈衛之」
　　（六十七章）

　　釋：「慈」是慈愛慈善，「儉」是收斂，「不敢為天下先」是為人要謙下。

　　在太極拳而言，「慈」就是不爭，太極拳的拳法，全是以不爭為用，寓勝於不爭，乃是本於陰陽之理，彼以爭，我以不爭，乃有陰陽；若彼爭，我也爭，就無陰陽可言，非柔弱勝剛強。

「儉」是收斂，不可能是勤儉，只勤儉不足以修道，能收斂乃是人生的修為，收斂也就是不可以剛強自負，光芒畢露，要收斂自己，深藏不露。在推手要不作主動，退隱不顯，而能不為人知，拳論云「人不知我，我獨知人，英雄所向無敵，蓋皆由此而及也」，即是這種情形，也就是「不敢為主，而為客；不敢進寸，而退尺」。（六十九章）

「不敢為天下先」，不敢主動先攻，爭強好勝，深恐一有形象，為人所乘，而是求以靜制動，以柔克剛，這也是行功心解所說的「彼不動，己不動；彼微動，己先動」，而能後發先至。

六、「善為士者，不武；善戰者，不怒；善勝敵者，不與；善用人者，為之下。是謂不爭之德，是謂用人，是為配天，古之極也」（六十八章）

釋：太極拳本於此理，「善為士者不武」，是真正學成太極拳者功夫深厚，不主動先攻，不作爭強好勝；「善戰者不怒」，是與人相較，不急不忙，泰然

自若;「善勝敵者不與」,是太極拳好手,不與人相爭對抗,而求謙讓不與,寓勝於讓;「善用人者為之下」,與人對手,遇力即讓,遇攻即退,不與相爭,乃是由於運用陰陽之理,而能不爭而勝,乃古之極。

七、「反者道之動;弱者道之用」(四十章)

釋:「反」是反乎一般世俗的觀念,「反者道之動」,道是以反向的作為,而有正面的效果;「弱者道之用」,是以柔弱為手段而有剛強的作用,這也就是無為而無不為。

太極拳本於此理,以慢而不用力為拳術,即是反乎一般世俗的觀念,本是拳術,不作剛強對抗,而求退讓不爭即柔弱,乃是本於陰陽之理,有陰則有陽,有陽則有陰,陰消陽長,陽消陰長,陰極生陽,陽極生陰,陰中有陽,陽中有陰,以求以柔弱勝剛強,離陰陽是不可能辦到的。

太極拳要求捨己從人,隨人之動而動,不即不離,即是運用陰陽,體現了陰不離陽,陽不離陰,陰消陽長,陽消陰長,彼若進而太過,自行失控,而為我所乘,即產生了陰極生陽,陽極生陰的現象,充分

體現了「反者道之動；弱者道之用」的道理。

八、「為學日益，為道日損。損之又損，以至於無為。無為而無不為。取天下常以無事，及其有事，不足以取天下」(四十八章)

㊟：「為學」，是言世俗觀念中一般的學習，是求智能的天天增進；「為道日損」，是不但不求增進，更是要損棄之，由於難以損棄，所以要損之又損，以至於無為，也就是完全棄盡，然後就可無不為。

太極拳就是這樣的拳術，求不用先天本有之能，至完全棄盡，乃是爐火純青之境，到了最高境界。先輩郭雲深氏云：「有形有意都是假，拳到無心方見真」，有形有意即本有之能，要到沒有這種心才是真正功夫；拳經云：「拳無拳，意無意，無意之中是真意」，也是同樣的意思，雖反乎一般的觀念，但太極拳的有無即在於能否棄先天之能，而成後天之功。所以要悟，能悟明此中情形，一旦悟明了，就不敢使用先天之能，而以求後天之功為用。簡言之，若用先天

動作，必生僵硬而為人所乘，知太極拳者，一定會明白其中的原因。

　　所以又云：「取天下常以無事，及其有事，不足以取天下」，「取天下」是處理天下一切之事，「無事」是要無為，純任自然，不作人為，若有為，就無從處理，太極拳亦本此理，在推手之中，不可以有為，有為就是使用先天本有之術，若有為即生僵硬，即生形象，而為彼知，彼不是可走化，就是可發放，所以太極拳是不可心中有事的，若有事，必為知太極拳者所制。所以內家拳經云：「拳無拳，意無意，無意之中是真意」，有拳有意都是使用本有之能，所以要無拳無意，無意是連用拳的意念都不可生，一有意，身就起僵力，真意是不用意而能產生作用，所以「無意之中是真意」。太極拳不用力，不用本有之能，由於是運用內勁的作用，內勁與不爭不抗是後天所要學習的，是心性的培養，所以太極拳不但是拳術，更是道家的修為之功，入道之門。

九、「後其身而身先；外其身而身存」(七章)

　　釋：「後其身而身先」，即是謙讓不爭，不敢為

人先而能身先；「外其身而身存」，是把己身置之度外，乃是太極拳的取勝之道，要無我無己，所謂「任他巨力來打我」，心中泰然自若，這樣反能周身鬆柔，令人無有著落，反能保護己身。如若斤斤於保護己身之想，必生僵硬，令人有著落，而受到攻擊，乃是由於自救，所以言，自救則必敗。

十、「吾所以有大患者，為吾有身，及吾無身，吾有何患」（十三章）

㊖：人之在世，所有的煩惱，都是因為有身，例如穿衣吃飯，都是為了要保護身體，所以說「及吾無身，吾有何患」。

太極拳就是這樣，人能推倒我，為我有身，及我無身，我有何患？要做到無身，在用，要捨己從人，不爭不抗，引進落空，令人著不到我身。在體，要能周身鬆柔，要鬆柔就不可用力，不可頂抗，做到「無形無象，全身透空」，是太極拳的基本原則與方向，非專求外形姿式者可以理解，求外在形式是求先天本有之能。能有此透空的境界，必須經由後天內勁的修習與心性的涵養。

所以又曰：「兕無所投其角，虎無所用其爪，兵無所容其刃。夫何故？以其無死地」（五十章），「無死地」就是令彼無由著落，也就是太極拳的功夫，首在求無身，由於無身，人無從攻我，而我則隨時可攻彼。

十一、「堅強者死之徒，柔弱者生之徒」(七十六章)

釋：這是言一般世間的道理，在太極拳中，是具體的體現與證驗，所謂以柔克剛，在推手之中，凡失敗都是由於堅剛未消，先輩楊澄甫氏云：「不鬆是挨打的架子」，由於身體堅硬了，即有為人可攻擊之處，如若始終能保持鬆柔，以柔弱因應，即使是來者功夫再高，又何能攻我！及吾無身，吾有何患！

十二、「天下皆謂我道大，似不肖，夫唯大，故似不肖。若肖，久矣其細也夫」(六十七章)

釋：由於先聖老子的道，反乎一般世俗的觀念，非一般世俗之人所能了解，在一般世俗的觀念裡，認為是不肖一顧的，是不實的大話，就是因為道的大，

所以似不肖，如若能為世人所能理解的話，早已是不足重視的微末之事了。

所以又曰：「上士聞道，勤而行之；中士聞道，若存若亡；下士聞道，大笑之。不笑不足以為道」（四十一章），對太極拳而言，又何嘗不是如此！其不信由於不知，能知並不容易，若能知，定會勤而行之。太極拳的難以流傳也在於此，故古有習太極拳者多如牛毛，神而明之者代不數人之言。

又曰：「吾言甚易知，甚易行。天下莫能知，莫能行。言有宗，事有君。夫唯無知，是以不我知。知我者希，則我者貴。是以聖人被褐懷玉」。（七十章）

「吾言甚易知，甚易行。天下莫能知，莫能行」，太極拳也是一樣，並非難學，其難學由於未知，凡太極拳久學無成，都由於未得其真，有了偏差，無從自知，而覺得困惑難成，要能真正的知道，才算是知，能知就能行，不能行，由於不能知。

「言有宗，事有君。夫唯無知，是以不我知」，言所言是有根據的，在事實上也有證明，因為不知，所以不明白，太極拳也是一樣的，皆非空言，能知其

法，功是立竿也影可見的。沒有作用，因為非其法，所以作用全無。既無作用，就不能認為苦練可以練出功來。

知道我的人很稀少，則我者貴，是照我話去做，就可得到寶貴的東西，所以得道的人，就好像穿著破爛衣服的人，而身上卻懷著珍貴的玉，而不為人知一樣，太極拳難知的原因，由此可見一般。

第四章 | 從兵法了解太極拳

太極拳的難知難明，由於在一般的心目中，都有先入為主的一般拳術的觀念與認知，多以一般拳術的觀念思考太極拳，甚至傳授與學習，以致久學無功，由於失去了方向，而覺得太極拳玄深難明，深不可及，實是太極拳學而難成的原因所在。要成功的學習太極拳，無論如何，一定首先要掌握到本體與方向，才能了解與學習。太極拳的深奧難明，即是由於非一般的拳術，太極拳的所以難成，由於多以一般拳術的觀念思考太極拳，所以特以兵法之言，凸顯太極拳學習觀念與認知，是以智取，而非力勝。

拳論云：「差之毫釐，謬以千里，學者不可不詳辨焉」，若不認真正視，必將枉費工夫，對太極拳的影響，也不言可知。

一、「兵者，詭道也」

釋：詭道是智慧的運用，言兵事是智慧的運用，非一般常態的思維。太極拳用意不用力，也是一樣，非一般常態觀念中的拳術，是以智取，而非力勝，而

能以柔弱勝剛強，以一般常態的觀念思考，是無從理解的，拳論云：「是皆先天自然之能，非關學力而有也」，即言用力是先天本有的自然之能，是一般性的拳術，非關太極拳，太極拳是後天所學習的智能。

意不但是智慧，不用力只用意，而能產生內勁，是不用力之力，所以太極拳不用力，是用內勁，由於要有後天的傳習與培養，不為人知，所以往往懷疑太極拳，不用力何能有作用，其實內勁柔軟而有彈性，愈養愈強，更可養生益壽，更勝於用力。

二、「攻其無備，出其不意」

釋：這是詭道，不用力拼，而用機智，若攻其有備，就十分困難，必犧牲重大；攻其無備，由於彼不知，而可輕而易舉成功，功在出其不意。

這是兵事，太極拳理本陰陽，全在運用虛實，即是本於此一道理，攻其無備，出其不意，而能以弱勝強，小力勝大力。有備乃是實，無備乃是虛，兩人對手，互相相頂之處乃是有備，互相知道，乃是實，但要知道，由於相頂，力全集中於相頂處，其他地方是沒有力的，也互相不知，即是無備，乃是虛。如若運

用機智，放棄相頂，猝然轉擊其無備，彼必敗無疑，乃是以弱勝強之法，亦即拳論所說的「雙重則滯，偏沉則隨」，也是打手歌所說的「引進落空合即出」。太極拳出手，全是發其無備，也就是虛處，乃是出其不意，而可四兩撥千斤，亦即所謂「原路不發，原力不用」，用原路原力是其有備，要能實踐就要有方法。十三勢歌云：「入門引路須口授，功夫無息法自修」，要知者口授心傳，自己的心領神會，是學習太極拳的本體與主題，一般根深柢固的認為太極拳是外面拳招姿式，其實若以一般性的動作方式比外面姿式，乃是形狀姿式，實與太極拳是全無相干的。

三、「智將務食于敵」

釋：因軍糧運送困難，有智慧的將領，在敵國就地取食。太極拳的務食于敵，是將對手的來力，取而用之，是對手送上門來，也就是因人之勢，借人之力，自己不用付出力來，打手歌云：「任他巨力來打我，牽動四兩撥千斤」、「引進落空合即出」，是太極拳的理法所在，「合即出」是合乎我機勢之際，即予還擊，這說明了太極拳運用柔弱的方式，致勝剛

強，不同於一般觀念中的拳術。

四、「知己知彼，百戰不殆」

釋：「知己知彼」在太極拳不但是聽勁，更是懂勁。聽勁是經由雙方接手的感覺，探聽、偵測對手的動靜，懂勁是明其虛實，而後知道如何制彼，功夫的高低即在於此。由於不知者敗於知者，所以拳論云：「人不知我，我獨知人，英雄所向無敵，蓋皆由此而及也」，所以知己知彼，百戰不殆。

太極拳全在於知己知彼，功夫愈深愈精緻細密，藝高者，對於對手的虛實一目了然，所以一接手，即可將人發出。

五、「昔之善戰者，先為不可勝，以待敵之可勝」、「故善戰者，先立於不敗之地，而不失敵之敗也」

釋：先為不可勝，是先求敵人不可勝我，也就是先求立於不敗之地；不失敵之敗，不要失去敵人可敗之機。

太極拳「以靜制動，以柔克剛，後發先至」，即是這種思想，是太極拳之為拳術的基本特質。以靜制動，以柔克剛，是不作先攻，避而讓之，先求敵之不可勝我，立於不敗之地，一旦敵顯露可敗之機，我即進而擊之，是後發先至，即不失敵之敗也。太極拳雖非兵事，但在使用上，完全符合善戰者的思想。

六、「凡戰者，以正合，以奇勝」

釋：「正合」是正面對陣交戰，「奇勝」是棄正面而用他法，所謂出奇制勝。奇正在太極拳而言是虛實，實是正面交手，是正合，虛是攻其非正面的他處，是奇勝，由於其無備，所以是虛，在整個太極拳而言，不外是虛實而已。拳經云：「虛實宜分清楚，一處有一處虛實，處處總此一虛實」。

在太極拳整體是一個虛實，有備之處是實，無備之處是虛，奇勝是先有正面交手，引其注意力在正面，乃是正合，然後猝然丟棄正面，攻其無備之處，彼必敗無疑，乃是奇勝。所以言原路不發，原路即是正面，因其有備，所以不發，必攻其無備。但要成此功，必先自己周身鬆柔，能周身鬆柔，才能分出

虛實，周身一太極，而能應用。例如，兩人相頂，乃是正合，雙方都是實，我猝然放鬆，由實變虛，彼由於落空而失控，我同時以虛處變實攻之，彼何有不敗的道理！乃是以智取勝，是詭道，是奇勝。這只是說一個淺顯的道理，要神乎其技，在於著熟，拳論云：「由著熟而漸悟懂勁，由懂勁而階及神明」。

七、「善戰者，求之於勢，不責於人」

釋：言善戰者不重人之多寡，而在於勢，勢是形勢、態勢，太極拳勝負的關鍵也在於勢，拳勝先勝勢，拳敗先敗勢。勢有背順，被人所制之勢乃背勢，我能制人之勢是順勢，兩人對手，進退往來，變來變去，都是為佔勢，若佔得順勢，對手處於背勢，對手之力再大，也難有用武之地，可見勢具有關鍵性的作用。所以先輩郝月如氏云：「太極拳不在樣式，而在氣勢」，先輩陳長興氏云：「夫拳術之為用，氣與勢而已矣」，如何能得勢而不失勢，在進退往來中，要力求己身的中正安舒，能中正安舒，就不會失勢，所以兵法云：「善戰者，致人而不致於人」。

八、「攻而必取者,攻其所不守也」

釋:太極拳發勁,能發而必出者,即由於攻其所不守,而能以柔弱勝剛強,四兩撥千斤,所以太極拳是智慧的運用,而有「原路不發,原力不用」之言,原路原力,都是雙方在對抗之處,都是有守,都是實,實際在使用中,發之實非妙法,當心反被彈出,必發其所不守,而能攻而必取。

如何能發其所不守?必先有鬆柔之體,而能分清虛實,周身一太極,有體而能有用,兩人正面相頂,必都有守,若有一方變實為虛,變虛為實,虛實互變,攻其不守,彼必應聲而出,關鍵在於先要形成相頂,而有可資利用的狀況,這是初學階段,很粗放的狀況。待著熟之後,若兩人功力懸殊,功高者只要輕輕搭上手,即可將對方發出。

九、「善攻者,敵不知其所守;善守者,敵不知其所攻」

釋:太極拳就是這種情形,功深者,若要攻人,對手就不知如何防守,一觸即被發出;若人欲攻彼,怎麼攻都無從攻到。

何能如此？由於功深者，全身徹底鬆柔，至於「無形無象，全身透空」之境，形成了拳論所說的「人不知我，我獨知人，英雄所向無敵，蓋皆由此而及也」的情形，要能成此功，就要周身鬆柔，打拳就要研究，如何才能鬆柔。現今打太極拳只求外面形式，身體一動就產生僵硬，捨本逐末，以形式論英雄，由是鬆柔就成了空言，所以雖言拳術，而經不起考驗。太極拳豈能只是有了形式就算了事？完全失去了太極拳本有的價值。可以想見的，天天比外面形式，作用何在！既無作用，就無意義，顯然不能認為這樣就可練出太極拳來。

十、「形人而我無形」

釋：使敵人曝露現形，而我則隱匿無形。

「形人」，乃是將彼之形顯示出來，太極拳以聽勁知人之形，而可進而攻之，自己求無形，不為人知，令人無從攻我。要求無形，非鬆柔不可，要鬆柔，心中就不可求用力，太極拳功在不為人知而我能知人，拳論云：「人不知我，我獨知人，英雄所向無敵，蓋皆由此而及也」。

十一、「勝可為也，敵雖眾，可使無用」

釋：太極拳之為拳術，是以柔弱的方式制勝剛強，先聖老子曰：「天下之至柔，馳騁天下之至堅」，求以小力勝大力，對手力雖大，若我不接彼力，彼力又有何用！此即敵雖眾，可使無用。

這完全本乎道家的思想，先聖老子曰：「夫惟不爭，故天下莫能與之爭」，我不與彼爭，彼又何能與我爭！太極拳理法要求「捨己從人」、「隨曲就伸」、「順人之勢，借人之力」、「不頂不抗」、「左重則左虛，右重則右杳」，全以不爭為用，如此，敵力雖大，又有何用！所以要成就太極拳，就不可用拼鬥爭勝的思維，而是要以虛讓不爭之心，方可有成，事關追求的方向，若以拼鬥爭勝之心，即使能勝，也非人極拳。

十二、「形兵之極，至於無形」

釋：用兵神妙之極致，要做到無形，人不知我的心意，也不明我的形勢。

這是太極拳的最高境界，太極拳至最高境界時，是無形無象，諸形皆無，萬象皆空。為何能至此境？

不但由於周身空鬆無物，全身透空，更由於太極拳的本體是意氣。十三勢歌云：「若言體用何為準？意氣君來骨肉臣」，由此可見，太極拳不可能是外形姿式，求外形姿式不可能有太極拳。經譜歌訣言太極拳，處處都是言意氣，例如，「氣宜鼓盪」、「意氣須換得靈」、「氣遍身軀不少滯」、「遍體氣流行」，操作外面的拳招姿式，顯然與太極拳是完全不同的兩回事，不能堅持認為操作外面姿式有太極拳。

所以要知意氣，未得意氣之前，可先以心神意追求鬆柔不用力，日久自有意氣之用。

不但要鬆柔，在與人對手之時，心中也不可有主動攻人之想，一想攻人，即生僵硬，而為人知，露了形象；要深藏不露，守己之靜，以應彼之動。

十三、「夫兵形象水，水之形，避高而趨下，兵之形，避實而擊虛，水因地而制流，兵因敵而制勝，故兵無常勢，水無常形」

㊣：太極拳的意氣也像水，只是水由高向下流，太極拳則是避實就虛，水的形狀因地形而變化，太極

拳不作主動，捨己從人，曲直隨形，隨對手的變化而變化，所以水沒有固定不變的形狀，太極拳也無一定的形式可言。各家宗師，無不都提示，太極拳不在外面姿式，不明太極拳，顯然由於以外面的姿式為太極拳。

十四、「以迂為直，以患為利」

㊢：以迂迴遠路當作直線近路，以為患狀況，為有利狀況。

這是兵法，由於直線攻擊敵已有備，攻擊困難，改以迂迴遠路，當作直線使用，本是為患的地形天氣，運用智慧，反成為於我有利的條件。

太極拳「原路不發，原力不用」，由於原路原力敵已有備，直接發放不利於我，改於他處發之，這是迂迴，非運用外形動作可以成功，因為必為人知，正如兵用迂迴，要不令人知，運用內勁的變化，人必不知。

以患為利，是彼攻擊我，或加力於我，本是為患，若是常人，必無從解除，太極拳順人之勢，借人之力，反利用彼之來襲制彼，以患為利。如彼以大力

壓我，本是為患，太極拳利用內勁，反可把彼發出；若彼不壓我，我反無從發彼，這是以患為利的一個很好的例子。

十五、「令半濟而擊之」

釋：在敵進行之半途襲擊之。

在太極拳，常在對手動之半途打擊之，所謂「彼不動，己不動；彼微動，己先動」就是這樣。人若動時，即生僵硬，是我攻擊的最佳時機，例如，彼若用力發我，我一面化彼正面來力，不讓發到，一面從彼側面反發，彼未有不跌之可能。這也是乘人之勢，借人之力，彼發我愈重，跌得愈遠，乃令半濟而擊之。

第五章｜論經歌解意涵

第一節、論經歌解引介

論經歌解是太極拳真正的本體，先輩打太極拳所打的太極拳，言太極拳所言的太極拳，乃是先輩研練太極拳的經驗與心得的結晶與承傳，是太極拳的根源之所在，全是心中的運作，所以不在於外面的姿式，外面所見的乃表面形象，所以先輩陳鑫氏云：「拳在我心」。由於以外面的姿式為太極拳，在外面的姿式求太極拳，以致困惑難明，無從理解與學習，學太極拳而難明太極拳。

論是「拳論」，為先輩王宗岳氏所著，乃太極拳的理論所在，闡明太極陰陽變易之理，在拳術中的如何應用，是太極拳的理論根本。自古以來，太極拳的理論，僅此拳論，有此拳論的存在，太極拳不會失傳，也不會被誤導。

經是「拳經」，是先輩武禹襄氏得此拳論後，據以研練所得的心得與經驗的紀錄，本是家傳口訣，後傳諸於世，而為後人尊為拳經。

解是「十三勢行功心解」，也是同樣的情形，是武氏得拳論後研練所得的心得與經驗。拳經所言，著重有關有形之體的運作而言；心解所言，著重內在意氣勁的運行。

　　歌是「十三勢歌」、「打手歌」以及「真義歌」等三篇。

　　「十三勢歌」，是描述太極拳整個形貌之歌，是功深後的境界，學太極拳所要追求的境界，皆本於意氣而言，非一般的肢體動作。

　　「打手歌」的「打手」，也就是一般所言的推手，是太極拳之為拳術的運用，雖僅短短六言，實已涵蓋了太極拳用的全體。

　　「真義歌」是太極拳的最高境界，無形無象，已忘我忘己，全在心神意的運用，忘其有形之身。

第二節、**拳論篇**

〈原文〉

　　太極者，無極而生，陰陽之母也。動之則分，靜之則合。無過不及，隨曲就伸。人剛我柔謂之走，我順人背謂之粘。動急則急應，動緩則緩隨。雖變化萬

端，而理為一貫。由著熟而漸悟懂勁，由懂勁而階及神明。然非用力之久，不能豁然貫通焉。

虛領頂勁，氣沉丹田。不偏不倚，忽隱忽現。左重則左虛，右重則右杳。仰之則彌高，俯之則彌深。進之則愈長，退之則愈促。一羽不能加，蠅蟲不能落。人不知我，我獨知人，英雄所向無敵，蓋皆由此而及也。

斯技旁門甚多，雖勢有區別，概不外壯欺弱、慢讓快耳。有力打無力，手慢讓手快，是皆先天自然之能，非關學力而有也。察四兩撥千斤之句，顯非力勝；觀耄耋能禦眾之形，快何能為？

立如平準，活似車輪。偏沉則隨，雙重則滯。每見數年純功，不能運化者，率皆自為人制，雙重之病未悟耳。欲避此病，須知陰陽。粘即是走，走即是粘。陰不離陽，陽不離陰，陰陽相濟，方為懂勁。

懂勁後，愈練愈精，默識揣摩，漸至從心所欲。本是捨己從人，多誤捨近求遠。所謂差之毫釐，謬以千里，學者不可不詳辨焉，是為論。

《意譯》

太極是無極所生的，宇宙萬物的陰陽都始於太

極，所以太極是陰陽之母。當其動的時候，陰陽就分而顯示；當其靜的時候，陰陽就合而不顯，互不超過，也互不分離，這是「陰不離陽，陽不離陰」，總是彼曲此伸，彼伸此曲，這是「陰消陽長，陽消陰長」，這乃是太極動靜變易的自然運行規律。

太極拳即是本於此一道理而為拳術。所以與人相較，必須不可相頂，也不可分離。彼進我退，彼退我進，形影不離，這即是將太極的「陰不離陽，陽不離陰，陰消陽長，陽消陰長」之理用之於拳術，乃是太極拳之為拳術的基本法則，而能以柔弱勝剛強。

彼若以剛強之勢，進而攻我，我退而讓彼，示以柔弱，這樣的作法，在我叫做「走」。我為求順勢，也就是優勢，迫彼處於背勢，亦即劣勢，這樣的作法，在我叫做「粘」，彼快我就隨之快，彼慢我就隨之慢。進退往來，雖變化萬千，都必須遵守這一規則與道理，方為合法。這樣的作法乃是「著」，待「著」純熟以後，就可漸漸悟得其中的作用，乃是懂勁。深入明瞭以後，就可進入神明之境。但這不經過長時間的努力，是不能徹底了解其中的奧妙的。

在實際的運作中，要以神意輕輕將頭頂上的勁

領起來，以求周身的輕靈活潑，平時修練的先天內氣，要沉於小腹丹田。身體的站立，要不偏不倚，中正安舒。內氣的運作，要忽隱忽顯，令人難以捉摸。彼若加力於我左邊，我就左邊虛讓，彼若加力於我右邊，我就右邊虛讓。彼欲使我向上，我就隨之向上，愈上愈高，高無止境。彼欲使我向下，我就隨之向下，愈下愈低，深不見底。彼欲使我向前，我就隨之向前，愈前愈長，長無盡頭。彼欲使我向後，我就隨之向後，我愈後，彼愈覺侷促不穩，完全不接受彼之來力。要做到一根羽毛，一隻蠅蟲之力，都不讓彼加到我身上。由是，彼就不能知我之動靜，不知如何攻我，只有我能知彼之動靜，可以攻彼。相反的，我也不可加力於彼身，以免被發覺而利用，反來制我。英雄所向無敵，都是本於此一方式達到的。

　　拳術這一門功夫，旁的種別甚多，在形式上雖有不同，但都不外是以壯勝弱，慢的敗給快的，力大的勝力小的，動作慢的，敗給動作快的。這些都是使用人人生來都能的先天肢體之能，並非後天所學習的。太極拳不用此種先天之能，而是後天所學習的智慧與技能，而能以弱勝強，以慢勝快。試觀四兩撥千斤之

言，顯非力勝，八、九十歲的老人，能與人相對抗，快何能做得到！

身體的站立，要像天平一樣有個中柱。身體的活動，要像車輪一樣，有個中軸。若兩人相頂，只要有一方放鬆，就可活動變化。若互不相讓，雙方都用了重力相頂，這叫做雙重，就生呆滯，乃太極拳的大忌。每每見到練了多少年的太極拳，動輒為人所制，原因即在於沒有悟明敗因皆在於雙重。要避免雙重的缺失，就要明陰陽。粘中要有走，走中要有粘，以求陰陽相濟，這樣才是懂勁。懂勁以後就可愈練愈精，潛心研悟，漸可應對自如。

要知太極拳本是運用捨己從人的拳術，捨棄己之主動，而求隨人之動而動，不作頂抗相爭，乃可易於取勝。一般都誤在不作是為，以抗爭為用，以致反為人所制，捨近就遠，這是捨棄近路，走了遠路，這就不是太極拳。差之毫釐，謬以千里，學者不可不詳辨此中的原因與道理，以此為論。

本篇拳論，為太極拳的理基，闡明太極陰陽動靜變易之理，用諸於拳術，而為太極拳。

（一）、「太極者，無極而生，陰陽之母也。動之則分，靜之則合」

解：古哲認為，宇宙萬物的誕生，是由虛無而無極，無極而太極。太極乃陰陽，由陰陽而產生萬物，所以言，太極者，無極而生，陰陽之母，動之則分，靜之則合。由於太極有動有靜，當動的時候，陰陽則分而顯示，所以是動之則分；當靜的時候，陰陽則合而不顯，所以是靜之則合。例如，兩人對手，當靜而未動之時，陰陽合而未現；若動，就有變化，而有虛實，而顯陰陽。一人打拳，也是如此，靜而未動，就無陰陽之變；動時即有虛實，而生陰陽。

之所以首先提出陰陽，由於太極拳本於陰陽動靜變易的自然之理而為拳術，是太極之理的具體呈現與運用，所以太極拳者，乃是太極的陰陽變易。本篇拳論所言，全在闡明陰陽變易之理，在拳術中的如何應用，乃是太極拳的根本本義，太極拳也僅此陰陽變易而已，能知運用陰陽變易，實已知了太極拳。

太極的陰陽變易，有其一定的規律，太極拳即是

本此一定的規律而為拳術，乃能是太極拳。要明太極拳，就要明此規律，茲分列於次：

1、有陰則有陽，有陽則有陰

解：陰陽是對等的存在的，沒有陰也就不可能有陽，沒有陽，也就不可能有陰，正如沒有上，就不能有下，沒有左，就不能有右，沒有前，就不能有後，所以有「獨陰不生，獨陽不長」之言，上下，左右，前後都是一陰一陽，例如推手，沒有對手，怎可運用陰陽！

2、陰不離陽，陽不離陰

解：陰陽是合而為一體的，合為一體才是太極，不是分而獨立的，能一體，乃能動靜相應，產生消長變化；分開了，就各動各的，互不相關，就不能成為太極，是一氣分陰陽，非二氣分陰陽，所以是陰不離陽，陽不離陰。

3、陰消陽長，陽消陰長

解：由於陰陽一體，而有消長，陰消則陽長，陽

消則陰長。在推手，則是彼進我退，彼退我進，形影相隨，即是體現陰陽消長在拳術中的應用。

4、陰極生陽，陽極生陰

解：陰若長到極處，陰中就產生陽；陽若長到極處，陽中就產生陰，所以太極是永存不滅的。如在推手時，彼用力一直推來，我順勢後退，不接彼力，彼必失控跌出，而我則無恙，反可攻彼，即彼之陽極生陰，我之陰極生陽。

5、陰中有陽，陽中有陰

解：由於陰中有陽，陽中有陰，所以可以陰極生陽，陽極生陰。太極圖中，有老陰老陽，少陰少陽，即表示陰中有陽，陽中有陰，所以在推手之中，陰陽變易可隨心意的運用，可以陰變陽，也可以陽變陰，隨心所用。

此是太極變異的規律，太極拳即是本此規律而為拳術，而能以柔弱勝剛強。

（二）、「無過不及，隨曲就伸」

解：此言是本篇拳論的核心意義，已可代表拳論的整體理念，其中蘊含太極陰陽之理，用之於拳術，實已是太極拳了，拳論其餘所言，皆是此言意涵的引申，能明無過不及，隨曲就伸，也就可明太極拳了。

「無過不及」的「無過」是彼此不可相頂，「不及」是不可脫離而分開；「隨曲就伸」是隨彼之進而我退，就彼之退而我進，此就太極而言，「無過不及」是陰不離陽，陽不離陰。「隨曲就伸」是陰消陽長，陽消陰長，若彼進而太過，由於失中而自行跌出，或為我所制，乃是陰極生陽，陽極生陰，此是就太極之理而言。在太極拳而言，太極拳取法之，則是運用「不丟不頂」、「沾連粘隨」，此也就是無過不及，隨曲就伸的運用，乃太極拳之為拳術的基本法則，運用陰陽變易之理而為拳術，是為太極拳。在推手，彼進我退，彼退我進，不即不離，即是此理的具體呈現，其變化無窮，乃是陰陽的變化無窮。有此太極之理，而有太極拳，能明此理，始能明太極拳，此在於心中的明白，從「無過不及，隨曲就伸」之言，就可知道，太極拳不在於外面姿式的如何，任何姿式都可求無過不及，隨曲就伸，所以任何姿式，都可以

是太極拳。如果在外面姿式求太極拳，就難明太極拳，而覺得太極拳玄深奧妙，深不可及。

（三）、「人剛我柔謂之走，我順人背謂之粘」

解：這說明了「走」與「粘」的意義，「走」與「粘」是太極拳本於太極而為拳的基本大法。人運用剛強之勢進而攻我，我以柔弱之勢退而化解，是我在走，乃是「人剛我柔謂之走」；順是優勢，背是劣勢，我求順勢，使彼居於背勢，是我在粘，乃是「我順人背謂之粘」，其中亦是陰陽的運用，走粘背順都是一陰一陽，這也就是無過不及，隨曲就伸的運用，在粘走之中，要做到不即不離，陰陽相濟，方有實效，而能精進，方有太極，而為太極拳。

（四）、「動急則急應，動緩則緩隨。雖變化萬端，而理為一貫」

解：即是言，進退往來要不即不離，快慢相隨，彼快我隨之快，彼慢我隨之慢，方成太極，此亦不外是「無過不及，隨曲就伸」，太極之理的運用。進退往來雖變化萬千，都是要依循陰陽變易的道理進行，

其理為一貫，這是學習太極拳時，所要注意掌握的狀態，乃能發揮太極的神妙之功。

（五）、「由著熟而漸悟懂勁，由懂勁而階及神明。然非用力之久，不能豁然貫通也」

解：「著」是指前述的粘走背順的陰陽變易，並非姿式動作的操作。懂勁是懂得其中的功能與作用，言著熟之後，就可漸漸明瞭，明瞭之後就可進入神明之境，要長期的研練，方可明瞭，所以言，非用力之久，不能豁然貫通。

（六）、「虛領頂勁，氣沉丹田。不偏不倚，忽隱忽現」

解：以上陰陽變易，是言太極拳的用，在此是言體，有體而能有用，是言立身的根本。

虛領頂勁，是言以意輕輕將頭領正，求鬆柔而端正；氣沉丹田，是使呼吸的動作，下沉於臍下小腹之中，值得注意的是，是沉而非用壓的，沉是自然下

沉，可以無害；壓是有了人為，失之勉強，當心有危害。要使下沉於丹田，可用鬆胸弓腰，弓腰的目的，也是在求腰的鬆，自可下沉。呼吸力求自然舒暢，不可努力，全非用力去做，若用力必生僵硬，不但不能下沉，更會有害。

不偏不倚，是指內勁的不偏不倚，不是身形，身形可有各種變化，若直立不變，反个能靈活因應，所以不偏不倚，是言內在之勁正直穩實，即是所謂的中定。忽隱忽現，也是指內勁，而非外形，內勁可以隨心意隱現，身體是不可能隱現的，是言一會兒令人能感覺到，一會兒隱而不見，隨心意而用，隱者乃化，乃走；現者乃發，乃粘。

（七）、「左重則左虛，右重則右杳。仰之則彌高，俯之則彌深。進之則愈長，退之則愈促」

解：此是言在推手之中，對左右、上下、前後的因應變化，也是隨曲就伸，體現陰陽之理，在拳術中的運用。

「左重則左虛，右重則右杳」，是彼以重力攻我左邊，我則將左邊鬆開以避之，令彼力化為空無；彼以重力攻我右邊，我則將右邊鬆開以避之，令彼力化為杳無。

「仰之則彌高，俯之則彌深」，仰是向上，俯是向下，是言彼以力欲使我向上，我順之向上，令彼愈上愈高，高無盡頭；彼以力欲使我向下，我順之向下，令彼愈下愈深，深不見底。

「進之則愈長，退之則愈促」，進是前進，退是後退，言彼以力欲使我前進，我順之前進，令彼覺得愈進愈長，長無止境；彼以力欲使我後退，我隨之後退，令彼愈進，愈感侷促不穩。

此是太極拳以弱勝強的方法，太極拳本是以弱勝強的拳術，本陰陽之理，隨曲就伸，取法太極以柔弱勝剛強，這也是「人剛我柔謂之走，我順人背謂之粘」的運用，也是不丟不頂，沾連粘隨，也是陰不離陽，陽不離陰，陰消陽長，陽消陰長。值得注意的是，要做到不即不離，快慢相隨，方能精進而有作用，也就是要不丟不頂。

（八）、「一羽不能加，蠅蟲不能落，人不知我，我獨知人，英雄所向無敵，蓋皆由此而及也」

解：以上所言，是言「無過不及，隨曲就伸」的方式，在太極拳中所使用的方法與原則，此處是言，待高深以後，就可做到「一羽不能加」，一根羽毛的力量都加不到我的身上；「蠅蟲不能落」，一隻蠅蟲之重都落不到我身上，這樣就可「人不知我」，對手就不知我勁力何在，不知如何攻我；反之，我也不可稍加力於對手，否則將被利用而制我。「我獨知人」，只有我能知道彼之勁力如何可以攻彼，形成我在暗中，彼在明中一樣，只有我知如何制彼，彼無從制我，英雄所向無敵，都是由這樣方式達成的，是太極拳所要追求的境界，運用智慧，以弱勝強，這也就是前所言的「由著熟而漸悟懂勁，由懂勁而階及神明」。所以太極拳與一般觀念中所知的拳術完全不同，是後天修習的技能，技能也就是智慧的運用。如以一般拳術的觀念思考與學習，將導致難知難明，而有了種種形式不同的太極拳。

（九）、「斯技旁門甚多，雖勢有區別，概不外壯欺弱、慢讓快耳。有力打無力，手慢讓手快，是皆先天自然之能，非關學力而有也。察四兩撥千斤之句，顯非力勝；觀耄耋能禦眾之形，快何能為？」

解：由於太極拳難為人知，大部分的學習者都以一般觀念中的拳術思考太極拳，以致困惑難明，陷於迷宮，而枉費工夫，所以在此特別提出，說明太極拳與一般拳術的不同。「斯技」是通指拳術這種技能，「旁門」是指別種拳術，太極拳之外的拳術，言別種拳術的種類是很多的，外形雖有不同，但其性質，不外都是壯的勝弱的，慢的敗於快的，力大者勝力小者，這是一般觀念中的拳術，這種拳術乃是先天本有之能的拳術，人人生來都能，也就是言肢體動作之能，並不是後天所學到的技能。太極拳並不是這種技能的拳術，是後天學出來的一種特殊技能，非人生而能知，從能四兩撥千斤，耄耋能與他人抗衡的情形，就可知道不是快與力的肢體動作可以做到的，也就是

言太極拳是要學習而後能知道的。

　　若仍以一般性的先天肢體動作學拳架姿式，所學到的只有外面形式，太極拳不可能只是外面的一個形式，所以拳論特別提出，說明太極拳與一般觀念中的拳術不同，可見以一般性的肢體動作比外面姿式，就非太極拳，是辨識是否是太極拳的一個具體的分野，經歌宗師都提示太極拳不在外面姿式，即是言，不是以一般性的動作比外面姿式。太極拳的形式是由後天學習的動作方式所產生的。

（十）、「立如平準，活似車輪，偏沉則隨，
##　　　　雙重則滯」

　　解：「平準」是秤東西的天平，由於天平是有中軸的，言太極拳的站立，要像天平一樣有中軸，也就是要有中定。中軸對天平而言，就是中定之勁，也就是立身要平穩不偏，是太極拳立身的根本，不在外面形式，能中定，任何姿式都可以是太極拳，沒有中定，任何姿式都不可能是太極拳，正如有中軸，才能有天平一樣。要能有中定，就要周身鬆柔，乃能周身平整均勻，若有僵硬，就力散周身，不可能有中軸。

所以太極拳要求鬆柔，要鬆柔就不可用力，所以太極拳也要求不可用力。

「活似車輪」，由於車輪是有中軸的，是言太極拳的活動要像車輪一樣有中軸，主要是言有上下垂直的中定之勁，身雖動，仍要保持中軸的存在，也就是要有中定。

「偏沉則隨」，沉是鬆沉，隨是活動，是當兩力相頂，一方鬆開不頂，就可活動，化解相頂，也是隨曲，而有陰陽；「雙重則滯」，值得注意的是，雙重就是雙方相頂，相頂了雙方都受重力，就是雙重，就滯而不能動，就無陰陽，所以「雙重則滯」與「偏沉則隨」是相對而言的。

雙重是太極拳的大忌，凡太極拳的敗，都是由於不能化解雙重，也就是相頂，就無陰陽變化。由於太極拳是以弱的方式勝於強的拳術，前言「一羽不能加」、「左重則左虛」等，全是在求偏沉而避雙重，以化解來力，運用陰陽，求以弱勝強，若以頂抗而勝，就完全失去了太極拳的原意，功夫再高，也尚未學到太極拳。

（十一）、「每見數年純功，不能運化者，率皆自為人制，雙重之病未悟耳」

解：「純功」是指練太極拳，言每見練了數年太極拳還不能化解對手的攻擊，都常為人所制，原因在於未能悟明其缺失由於雙重，雙重是言與人相頂，雙方都用了重力。

（十二）、「欲避此病，須知陰陽。粘即是走，走即是粘。陰不離陽，陽不離陰，陰陽相濟，方為懂勁。懂勁後，愈練愈精，默識揣摩，漸至從心所欲」

解：在此提出了避免雙重之法，就是要懂勁，懂勁是要明陰陽變易的道理，也就是要「無過不及，隨曲就伸」，要「偏沉則隨」，避「雙重則滯」，此全是陰陽相濟，取法陰陽變易的自然法則以為拳術，才是太極拳。

粘即是走，走即是粘，也就是粘中有走，走中有粘，只粘而無走，只走而無粘，就無太極，有陰有

陽才有太極，所以是陰不離陽，陽不離陰，有陰則有陽，有陽則有陰，獨陰不生，獨陽不長。

（十三）、「本是捨己從人，多誤捨近求遠」

解：「捨己從人」是隨人之動而動，也就是「無過不及，隨曲就伸」，言本是以捨己從人，就可輕易化解來力，而不作此圖，運用頂抗相爭，不但不能化解來力，更是勝負未知，反走了遠路。所以言捨近求遠，近路不走，走了遠路，這也就是「每見數年練功，不能運化者，率皆自為人制，雙重之病未悟耳」。

（十四）、「所謂差之毫釐，謬以千里。學者不可不詳辨焉，是為論」

解：是感歎之言，失去了方向，就失去了一切，不可不明辨是非有無，方不致枉費工夫。

第三節、**拳經篇**

〈原文〉

一舉動周身俱要輕靈，尤須貫串。氣宜鼓盪，神

宜內斂，無使有缺陷處，無使有凹凸處，無使有斷續處。

其根在腳，發於腿，主宰於腰，形於手指，由腳而腿而腰，總須完整一氣，向前退後，乃能得機得勢。有不得機勢處，身便散亂，其病必於腰腿求之，上下前後左右皆然。凡此皆是意，不在外面。

有上即有下，有前即有後，有左即有右。如意要向上，即寓下意，若將物掀起而加以挫之之力，斯其根自斷，乃壞之速而無疑。

虛實宜分清楚，一處有一處虛實，處處總此一虛實，周身節節貫串，無令絲毫間斷耳。

《意譯》

太極拳的一舉一動，都要求周身的自然舒暢，輕鬆靈活，勿使有僵滯之處，不像一般拳術要求堅硬有力，周身內勁尤其要連貫為一體。

要以意行使內氣，像海水一樣的鼓盪。神要向內收斂，不可外散。一切的作為，都要求做到完滿無缺。內在氣勁要平整均勻，勿有凹凸不平的情形，更要連貫一氣，勿使有斷續之處。

要以意將腳在地上踏實，產生根勁，動作發動於腿，由腰所主導，由是而產生手的形狀的變化。換言之，手的形狀是由腰腿的動作所產生，非手自動。總之，腳腿腰要形成完整一氣的運動，才是正確的在打太極拳，向前退後就可得機得勢。站得穩，動得靈，若產生不得機不得勢的情形，都必須以調整腰腿來解除。上下前後左右一切的動作，都是要遵照這一方式進行。這全是運用心知肚明的意，無關乎外面的形式如何。

　　有向上就有向下，有向前就有向後，有向左就有向右。例如，心中欲向上，就要先有向下之意。若要將人發出，先要加以將彼挫壓之力，隨即鬆開，彼必自行斷了根勁，然後敗之，無疑的，這就可以輕易的發出。

　　虛實要分得清楚，實際使用的部份，相互知道的，乃是實；未使用到的部份，相互不知的，乃是虛。由於身體的變動，所以一種狀況，有一種狀況的虛實，互相變來變去，不外都是這一虛實的變化而已。

　　切記，周身內在氣勁要處處連貫為一氣，不可稍

有間斷，以求周身一家。周身一太極，乃能以運用陰陽克敵制勝。

本篇說明太極拳的運作方式。

《 拳經｜解讀 》

本篇拳經，原為武禹襄氏家傳打手要言的末段，為武氏得王宗岳先師的拳論及十三勢歌後，研練所得的心得與經驗的記載，全為太極拳的運行與操作方法，傳世後，為後人尊為拳經。

（一）、「一舉動周身俱要輕靈，尤須貫串」

解：輕靈就是要鬆柔靈活，不可用力，言太極拳的一舉一動，都要求周身的鬆柔靈活，不可用力，這是相對於一般拳術的要求堅硬用力而言，說明太極拳與一般拳術的不同，不能以一般拳術的觀念練太極拳。貫串是連結，「尤須貫串」是不但要輕靈，更要將周身內在氣勁連結為一氣，即是所謂的要周身一家，又要輕靈，又要貫串。太極拳是內家拳，所言都是內在運作，非言外在形式。

值得注意的是，一般所見的太極拳，雖是有形

有象的形狀姿式，但非求外面姿式，作用不在外面姿式，而是在於求輕靈貫串，太極拳是輕靈貫串，而非外面形式，這是經歌宗師言太極拳不在外面姿式的原因所在。周身的輕靈貫串，乃是整個太極拳的根基，體用之本，太極拳求鬆柔不用力的目的，即是在於求周身的輕靈貫串，有了鬆柔不用力才有輕靈貫串，有了輕靈貫串乃有太極拳，並非有了外面姿式而有太極拳。

　　有了周身輕靈貫串，實已有了太極拳，要認真去追求，所以太極拳不在外面姿式，能輕靈貫串，周身一家，任何姿式都可以是太極拳；無輕靈貫串，周身一家，任何姿式都無太極拳可言，所以經譜有「一動無有不動，一靜無有不靜」之言，即是言要周身一家。太極拳一舉一動，動則周身要都動，靜則周身要都靜，這是就運作內勁而言，能輕靈貫串，始能周身一家，可見太極拳的運動方式的不同，並非一般性的姿式動作，乃是太極拳的基礎與作用所在，乃有所謂「周身一太極」，以利運用陰陽，而為拳術。

　　太極拳要求鬆柔，要能鬆柔，就不可用力，所以太極拳要求不可用力，是太極拳的基礎要求，求外面

姿式，所得的只是一個姿式，必生僵硬，全無太極拳可言，乃因太極拳不在外面姿式。

（二）、「氣宜鼓盪，神宜內斂」

解：氣是先天內氣，與生俱來，由於尚未修習，所以不知內氣之存在。鼓盪是要使之動盪，是以心神意鼓盪，待練至可以運用內氣之後，就可鼓盪；神宜內斂，是神要向內收斂，不可外散，神內斂，乃可氣聚，而可鼓盪。

（三）、「無使有缺陷處，無使有凹凸處，無使有斷續處」

解：這是言運作要完滿無缺，缺陷是運作上的缺失，凹凸是未能一體鬆柔，產生有硬有軟的情形，斷續是周身鬆柔貫串，要綿綿不斷，不可有斷續，此三者是最常見的缺失，所以特別提出。若心中一用法，就產生僵硬，此法顯然不合要求，不但無益，更是背道而馳，不可能有太極拳。

（四）、「其根在腳，發於腿，主宰於腰，形

於手指，由腳而腿而腰，總須完整一
氣」

解：這是一種特殊的運動方式，是太極拳肢體動作的根本方式，即是所謂著法，非以一般性的運動方式比出外面形式，而能有太極拳的作用，太極拳是求作用，而非求形式。

「其根在腳」，是周身勁力之根在於腳，似根似的。「發於腿」，是動在腿，力發於腿，非周身亂動。「主宰於腰」，是腿的動由腰來主導，以腰使腿，總之，腳腿腰要作一致的運動，所以言由腳而腿而腰總須完整一氣。「形於手指」，是手上的形狀變化，是由腰腿腳的運動所產生，非手自動，換言之，腰腿腳的動作，產生了手的形式的變化，所以是形於手指，如此而能周身節節貫串，周身一家。這些運作全在於心中的意。

（五）、「向前退後，乃能得機得勢。有不得
機勢處，身便散亂，其病必於腰腿求
之」

解：能這樣的運作，在前進後退的動作中，才能得機得勢，也就是有了機勢，能夠產生周身一致的作用。散亂是周身勁力的分散，不能完整一氣，遇有這樣的情形，就必須以運用調整腰腿，來恢復得機得勢。

（六）、「上下前後左右皆然。凡此皆是意，不在外面」

解：上下前後左右一切的動作，都是運用這樣的運作方式，意是心中的思想，這些運作方式，全是用心中的思想來處理，不在於外面的形式。由於太極拳形於外的，都是形式，為免誤在外面姿式求太極拳，所以特別提出，猶如先輩楊澄甫氏云：「非取形似，必求意合」。

（七）、「有上即有下，有前即有後，有左即有右。如意要向上，即寓下意，若將物掀起而加以挫之之力，斯其根自斷，乃壞之速而無疑」

解：有向上即要有向下，有向前即要有向後，有向左即要有向右。例如，若要向上，就要先有向下之意，如此運作，乃是求運作內勁，這也就是欲上先下、欲前先後、欲左先右的意思。若要將對手發出，先有加以挫壓的力量，這樣他就會自斷了根勁。在挫壓之後，立即放鬆，才能斷其根勁。無疑的，就可輕易地發出。由於拳經是就肢體動作而言，若至運用意氣階段，是完全不可加力於人的。若小有加力，就會被知太極拳者發出。因此，拳論云：「一羽不能加，蠅蟲不能落，人不知我，我獨知人，英雄所向無敵，蓋皆由此而及也」。

（八）、「虛實宜分清楚，一處有一處虛實，處處總此一虛實」

解：虛實即是陰陽，是太極拳的靈魂所在，整個太極拳全是虛實變化，沒有虛實就沒有陰陽，沒有太極拳。行功心解云：「意氣須換得靈，乃有圓活之趣，所謂轉變虛實也」，十三勢歌云：「變轉虛實須留意，氣遍身軀不少滯」，此皆言虛實，太極拳也不過此虛實變化而已。

所以要了解太極拳，不可不瞭解虛實。虛實有個人的虛實，有兩人對手雙方的虛實，人的運動或站立，都只使用到部分的身體，另有部分是並未使用到的，這就產生了虛與實，在實際使用的部分乃是實，為人所能知；未使用到的部分乃是虛，為人所不知，在動作中身體不斷在變化，虛實也隨而交互變換，這就是虛實變換。

　　就個人而言，無論是自己練拳或與人對手，都有自己的虛實，兩人對手，雙方接手，必然都只使用到部分身體，乃是雙方共同的實，其餘部分乃是虛。太極拳所以可以弱勝強，全在於這一虛實變化的運用。

　　能明虛實，才能明這句話的意義，虛實要分得清楚，不可模糊不清，動作無論怎麼變化，都是這樣的一個虛實，一種狀態有一種狀態的虛實，所以言「一處有一處虛實，處處總此一虛實」，任何變化都不外僅此虛實變化而已。

　　待功深後有了意氣，已非肢體運動，已是意氣的虛實，氣隨意而變化，意在何處，氣即在何處，即是實處，無意氣處乃虛處，拳論云：「忽隱忽現」，即是言意氣的變換。

（九）、「周身節節貫串，無令絲毫間斷耳」

解：篇首言「尤須貫串」，在結尾又提及貫串，可見貫串在太極拳的根本性與重要性。

周身節節貫串，是要將周身之勁，處處連接起來，結合為一體，這也就是所謂的周身一家，更不可有絲毫的間斷。由於太極拳的運動，是周身一體的運動，並非一般關節運動是局部個別的運動，故有「一動無有不動，一靜無有不靜」之言，會了「周身節節貫串」的運動，才是會了太極拳，必然會有不同的作用，所以太極拳是周身節節貫串的運動，不像外家拳只求外面形式的作用。外家拳因為用力，可在外面姿式；太極拳不可用力，外面姿式不可能有作用，是要特別注意的。

第四節、十三勢行功心解篇

〈 原文 〉

以心行氣，務令沉著，乃能收斂入骨。以氣運身，務令順遂，乃能便利從心。精神能提得起，則無滯重之虞，所謂頂頭懸也。意氣須換得靈，乃有圓活之趣，所謂轉變虛實也。

發勁須沉著鬆淨，專注一方。立身須中正安舒，支撐八面。行氣如九曲珠，無微不至。運勁如百煉鋼，無堅不摧。形如搏兔之鵠，神似捕鼠之貓。靜如山岳，動若江河。蓄勁如張弓，發勁如放箭。曲中求直，蓄而後發。力由脊發，步隨身換。收即是放，斷而復連。

往復須有摺疊，進退須有轉換。極柔軟，然後能極堅剛。能呼吸，然後能靈活。氣以直養而無害，勁以曲蓄而有餘。心為令，氣為旗，腰為纛。先求開展，後求緊湊，乃可臻於縝密矣。

又曰：彼不動，己不動；彼微動，己先動。似鬆非鬆，將展未展，勁斷意不斷。

又曰：先在心，後在身；腹鬆淨，氣斂入骨。神舒體靜，刻刻在心。切記一動無有不動，一靜無有不靜。視動猶靜，視靜猶動。

牽動往來氣貼背，而斂入脊骨。內固精神，外示安逸。邁步如貓行，運勁如抽絲。全身意在精神，不在氣，在氣則滯。有氣則無力，無氣則純剛。氣若車輪，腰如車軸。

《意譯》

以心運作內氣，務必使之沉著，沉是沉於腳底，著是著於骨節，這樣才能使氣收斂入骨內。氣在身內運行，務必求順暢，這樣才能隨心所使。能以神將頭頂的勁提起來，就可周身輕靈，不會呆滯，這是所謂的頂頭懸。能將內在意氣轉換得靈活，就能有圓活的趣味，這是所謂的轉變虛實。

發勁要將氣勁沉於腳、著於骨，更要周身完全鬆得乾淨，方能有氣勁的沉著。發時須對準一個方向發出，立身要中正安舒。「中」是在中心，乃有重心的穩實；「正」是端正；「安」是自己感覺安定與安全，可以應對八方；「舒」是周身舒暢自然。氣的運行，要像九曲珠一樣的彎彎曲曲，處處可到，無微不至；勁的運作像百煉鋼一樣，愈練愈堅韌，對堅硬的來敵，無不可予以發出。身形要像搏兔的鶻一樣，無比敏捷，神像捕鼠中的貓一樣，全神貫注。靜則像山岳一樣的穩實，動則像江河一樣的綿綿不斷。曲蓄內勁像彎弓一樣。把內勁發出像放箭一樣。曲中求直，有了曲始有直。在意識上，力要從脊骨發出，乃能保持身體的鬆柔。步的變換，隨著身體的變動而變動，

非自己跨步。發放非用發出之心，而用收回之意，內勁方可連貫不斷。若心中一味用發，其勁必斷。

在動作的往返之間，內勁要像一塊布一樣的有摺疊；在動作的進退之間，要有內勁的轉換，以求身體綿綿不斷的柔軟。要有摺疊轉換，只要在往返進退之際，先把腰胯放鬆，然後再動，就可以產生。能極柔軟，內勁就能極堅剛。能運行內氣的內呼吸，然後能變動靈活，氣以自然培養，不刻意操作，就不會有危害發生。內勁要曲蓄得充足有餘，氣繞著腰旋轉，像軍中的旗繞著軍中的主旗旋轉一樣。先以意求周身的氣勁開展，然後再求收緊，周身的氣勁，乃可收斂得細密切實。

又曰：在推手應用方面，若對手沒有動，我也就不可動，以求以靜制動。全神貫注彼之動靜，彼若稍有微動，我就要先彼而動，由於內勁充沛，而覺得身似鬆非鬆，勢將動未動，靈敏活潑。雙方所接之勁，雖有斷的時候，但相接之意不可斷，以備隨時因應。

又曰：在要動的時候，心中要先動，以使周身氣勁先行運轉，然後才身動。腹部要放鬆，氣要以意斂入骨內，神泰然自若，身體由於身雖動，而心中有

不動之意而能靜，而能鬆柔舒暢。這一切刻刻存於心中，不可稍怠。

切記，周身氣勁要一動全動，一靜全靜，不可有散亂的情形。在外表看起來，說是動，實又很靜，說是靜，但卻是在動。乃是全由於形雖動，心求靜，刻刻在注意內在的運動。

在往復來回之中，要以意將氣貼於背，斂入脊骨。由於精神內守，因此外表看起來很安逸，動步要像貓一樣的輕靈。內在氣勁的運作，要像抽絲一樣的綿綿不斷。

全身意在全神貫注，因應內外，不在氣的運行。若運氣，反有氣的呆滯。有了氣，就不會有力。氣與力是相對存在的。所謂有氣則無力，心全在於神，不在於氣，乃是純剛。在整個過程中，氣在身內流轉，像車輪一樣的轉。腰椎像輪的軸一樣。

此篇是說明在功深以後，心神意氣勁的運行與操作的情形。由於氣勁要有後天的培養，所以難明，有了氣勁自可了然。

　　本篇心解與拳經，都是武禹襄氏的打手要言，拳經所言，著重於有形的身體；心解所言，著重於心神意氣勁的運作，簡言為意氣，乃太極拳的體之所在。

　　太極拳功深以後，全是意氣運作，諸形皆無，萬象皆空，無有形之身可言，只有意氣的運行與使用，所以太極拳的學習是求意氣，而非外在姿式。氣是先天內氣，由意所啟動而能運用，所以言意氣，要由後天的學習，與求操作外在姿式，是完全不同的兩回事，所以十三勢歌云：「若言體用何為準？意氣君來骨肉臣」。

　　有意必有心與神，所以所謂意，實是心神意，有心神意而有氣，氣的作用乃是勁，就是內勁，太極拳用意不用力而能有作用，即是由於運用內勁，在於後天的修習。

（一）、「以心行氣，務令沉著，乃能收歛入骨。以氣運身，務令順遂，乃能便利從心」

解：氣是身內內氣，以心行氣，是以心意運作內氣。沉是下沉，著是著落，務令沉著，是務必使內氣下沉，並有著落，沉是沉於腳底，著是著於骨節，這樣就可將內氣收斂入骨內，這全在於意。以氣運身，是以意運作氣在身內運行，務必使之順暢，由是可以隨心所用，這是言內在內氣的運作。太極拳功深以後，全是意氣的運作，由於未有意氣，所以不能有具體的感受。

（二）、「精神能提得起，則無滯重之虞，所謂頂頭懸也。意氣須換得靈，乃有圓活之趣，所謂轉變虛實也」

解：精神就是神，神能提起來，領起頂勁，就不會有滯重的情形產生，這就是所謂的頂頭懸。意氣的轉換能靈活，就會有圓活的趣味，這種轉換，就是在轉換虛實，有虛實而有太極拳，太極拳的運動，全是虛實的變換，意所在的部分是實，是實質在使用，無意的部份是虛。

（三）、「發勁須沉著鬆淨，專注一方。立身

須中正安舒，支撐八面」

解：發勁是發身內的內勁，所以是發勁。鬆淨是要周身鬆得乾淨，勿稍有僵力，並要有沉著，是沉於腳，著於骨，對準一個方向發出。身體的站立，要保持中正不偏，安定安全舒適，能支撐八面。

（四）、「行氣如九曲珠，無微不至。運勁如百煉鋼，無堅不摧」

解：九曲珠是形容彎彎曲曲的意思，乃是形容詞，主要是言內氣處處可到，無微不至。運勁是運作內在氣勁，像百煉鋼一樣，愈練愈堅剛，可摧毀任何堅硬之力。由於內在氣勁，柔軟而有彈性，堅硬之力遇之，必可彈發出去，由是可見，打太極拳所打的是內在的意氣，而非外在形式。

（五）、　「形如搏兔之鵠，神如捕鼠之貓。靜如山岳，動若江河」

解：言身體像鵠一樣的輕靈，神像在捕鼠中的貓一樣全神專注，由於周身鬆沉，立身像山岳一樣的穩實安靜，內在氣勁則像江河一樣流動不息，這是形容

行動中的狀態。

（六）、「蓄勁如張弓，發勁如放箭。曲中求直，蓄而後發」

解：蓄勁是內勁的曲蓄，像張弓一樣產生張力，發勁時將張力放開，就像放箭一樣，內勁鬆柔而有彈性，鬆柔以後就有內勁，可以曲蓄與伸張。運用在於意，意求鬆柔就有內勁的曲蓄，意求伸放內勁就伸放；曲中求直，是由於曲蓄而內含伸張之力；蓄而後發，是蓄了以後而能發的，所以像張弓放箭，皆形容發勁時的氣勁的運作。

（七）、「力由脊發，步隨身換」

解：力由脊發，是在動作之中，心想力從脊骨發出，而非用手，以利周身鬆柔，如從手發出，必生僵硬。步隨身換，是言動步，並非一般性的跨步，是隨著身體之動而動的，乃能周身一家，一動無有不動，一靜無有不靜，並非先天性的一般的跨步，而是後天學習的動作。太極拳不在於形的如何，而是在於知怎麼動，以求太極拳的功。太極拳的運動，都非一般性

的動作。

（八）、「收即是放，斷而復連」

　　解：這是言發勁，以一般性動作發勁，發了以後，勁力就隨之而斷。「收即是放」，言是以收為放，收是收回，即是在發勁時，不但不用發出之意，而是要用將彼收回之意，亦可用將彼吸回之意，這樣就可將本身之勁留在身內，而能雖斷仍連，以使立身穩固，如若一味用發出之心，勁必斷，影響自己立身不穩。

（九）、「往復須有摺疊，進退須有轉換」

　　解：這是言在動作中求保持己身內勁的柔綿不斷。往復是往返，摺疊是像一塊布一樣的摺疊起來，要能有摺疊，就要在往返之際，不可立即往返，先要將身放鬆以後才動，身內就會產生有摺疊的感覺，這樣就可保持內勁鬆柔連綿不斷。若不先作鬆柔，直接往返，必生僵硬斷續，一試便知，進退須有轉換，也是同樣的情形，進退之間，也要先有鬆柔，而有一種轉換的感覺，否則難求綿綿不斷的鬆柔。

（十）、「極柔軟，然後能極堅剛。能呼吸，然後能靈活」

解：柔軟不但是指身體的柔軟，更是指心性的柔軟，柔軟是能產生堅剛的，身體若能柔軟，即能產生堅剛無比的勁，若人以力衝來，我柔身承接，彼必被彈發出去；更要求心性的柔軟，人以剛強之心攻來，我以柔弱之心，避而不爭，彼之剛強又有何用！所以極柔軟，就能極剛強，太極拳之以靜制動，以柔克剛，後發先至，即是求「極柔軟，然後能極堅剛」，所以太極拳雖是拳術，亦是心性的修為，先聖老子曰：「夫惟不爭，故天下莫能與之爭」，又曰：「天下之至柔，馳騁天下之至堅」，太極拳之為拳術，即是求以柔弱勝剛強的拳術，乃是道家思想的具體呈現。

呼吸並非指口鼻的呼吸空氣，而是內氣在身內的內呼吸，言「意氣須換得靈」、「以氣運身」、「運勁如百煉鋼」，都是在運作內氣的呼吸，心動意動，意動氣動，運用在心，非常人所能的呼吸，所以言，能呼吸然後能靈活。由此可見，求外面姿式，實無太極拳可言。

（十一）、「氣以直養而無害，勁以曲蓄而有餘」

解：直養是直接的養，任其自然而養，無人為操作，這樣是不會有危害的，若以人為操作，往往因操作不當，而致產生危害，所以氣不是隨便可以練的，須由練氣有成，功深有經驗者指導，方為合宜。勁的曲蓄要充足有餘，勁是鬆柔以後的內勁，是不用力之力，蓄勁是在求鬆柔，愈鬆柔，內勁愈足，有如張弓所產生的能量，是太極拳的體之所在，故有愈不用力，力愈大，愈輕力愈強之言，也即是所謂的極柔軟，然後能極堅剛。

（十二）、「心為令，氣為旗，腰為纛」

解：是言氣由心行使，像旗一樣的，繞著腰運行，纛是軍陣中的主旗，先輩陳鑫氏云：「心如將軍，氣如兵」，即是言此。

（十三）、「先求開展，後求緊湊，乃可臻於
　　　　　縝密矣」

解：開展是身體鬆放後，內勁的開展，並非肢體
動作的放大，言先要鬆放身體，內勁散開，然後再將
內勁收緊。縝密是周身各處內勁，處處可收緊，沒有
因為有僵硬的地方，而不能一致收緊。此主要是言內
勁收斂能縝密。

（十四）、「彼不動，己不動；彼微動，己先
　　　　　動。似鬆非鬆，將展未展，勁斷意
　　　　　不斷」

解：這是言對手，言對方未動，自己不可先動，
全神貫注彼之動靜。彼若稍動，我即搶先而動，並
非盲動，而是要以心中之法，奪彼先機。「似鬆非
鬆」，是在此之時，身好像鬆，又好像未鬆，由於
身雖鬆開，而內勁充沛，以致有此感覺。「將展未
展」，是將動未動的狀態，隨時可動，勁雖有斷的時
候，意是不可斷的，始終要全神貫注，心有所知。

（十五）、「先在心，後在身；腹鬆淨，氣斂入骨。神舒體靜，刻刻在心」

解：「先在心，後在身」，是在身未動之前，心已先動，這樣也就是意氣已先動，太極拳是用意氣，不用身的拳術，先輩陳鑫氏云：「外之所形，莫非內之所發」，同時鬆開胸腹，以意將內氣收斂入骨，神要泰然自若，舒暢自然；體靜，是身雖在動，心中要有保持身靜而不動之心，而有體靜的感覺。這一切，時時刻刻，全神貫注，在於心中，不可分神，強調太極拳在於運用心神。

（十六）、「切記一動無有不動，一靜無有不靜，視動猶靜，視靜猶動」

解：一動周身處處都要動，一靜周身處處都要靜，要能如此，就要周身鬆柔，而能節節貫串，才能做到周身一家，能如此，乃能有太極拳的功，才是會了太極拳。全在於心中的意，不在於外面形狀姿式的如何。

在這種狀況下，身雖動而心中在求靜，所以在外表看起來，說是在動，卻很靜，說是靜，卻是在動，

可見，若專心一意比外面姿式，何能有太極拳！值得深思明辨，何況太極拳又不在外面姿式！

（十七）、「牽動往來氣貼背，而斂入脊骨。內固精神，外示安逸」

解：「牽動往來」，是在對手中的往返互動，要以意將氣貼於背；「斂入脊骨」，以使內勁不令人知。由於將神內斂，在外自可顯示安逸的狀態。

（十八）、「邁步如貓行，運勁如抽絲」

解：動步要像貓樣的輕靈，內勁運行，像抽絲一樣的綿綿不斷。

（十九）、「全身意在精神，不在氣，在氣則滯。有氣則無力，無氣則純剛」

解：心解所言，由淺入深，篇首言，以心行氣，意氣須換得靈，都是意在於氣。在此則言不在氣，由於功深以後，神一動，氣已隨動，無須刻意運氣，若刻意運氣，反有氣滯的情形，所以言「在氣則滯」，

並非沒有氣，還是有氣的。

　　「有氣則無力」，由於氣與力，是相對的存在
的，有了力就不會有氣，有了氣就不會有力，二者非
同時存在的，所以古拳譜亦云：「有氣則無力，有力
則無氣，無力則純剛」。至於與「無氣則純剛」所言
不同，由於層次不同，所以所言不同，總之，心中完
全不用了力，不用氣勁，全在於神就是純剛。

（二十）、「氣若車輪，腰如車軸」

　　解：言以意運行氣繞著腰轉動，像車輪一樣，這
也就是「心為令，氣為旗，腰為纛」之意，但值得注
意的是，氣的運轉，不若車輪一樣有一定的形式，而
是變化無窮；腰屹立不動，如軸一樣，是形容氣在身
內運轉的情形。

第五節、十三勢歌篇

十三總勢莫輕視，命意源頭在腰際。

變轉虛實須留意，氣遍身軀不少滯。

靜中觸動動猶靜，因敵變化示神奇。

勢勢存心揆用意，得來不覺費工夫。

刻刻留心在腰間，腹內鬆淨氣騰然。

尾閭中正神貫頂，滿身輕利頂頭懸。

仔細留心向推求，屈伸開合聽自由。

入門引路須口授，功夫無息法自修。

若言體用何為準？意氣君來骨肉臣。

詳推用意終何在？益壽延年不老春。

歌分歌分百四十，字字真切義無遺。

若不向此推求去，枉費功夫貽嘆息。

《意譯》

　　十三總勢是掤、攦、擠、按、採、挒、肘、靠、進、退、顧、盼、定等十三個勢，不要輕視了，這十三個勢的運作是由腰來主導的。所謂腰脊帶頭，要

用心注意到虛與實的轉換，周身氣的運行，不可稍有停留。

身動的時候，心仍要保持靜。隨著敵人的變化而變化，令彼敗於不知不覺之間，而覺得神奇。每招每式，都用心意打對運作之法，學成太極拳是很快的。

時時刻刻心意不要離開腰間，腹部放鬆，氣就有騰然之感。尾閭要中正，神要貫注於頭頂，周身輕鬆活潑，頭頂有懸起的感覺。

仔細推究明白了太極拳，就可知道姿式動作的屈伸開合，自由自在，並無一定的形象姿式可言。要了解太極拳，必須有口授心傳。明其理，知其法，法得到之後，依法修習，不要停息了功夫。

若言太極拳的體與用以何為準？乃是以意氣為本，不在外在骨肉之體。若問太極拳的目的何在？乃是為求益壽延年、青春不老。

歌兮歌兮一百四十個字，不但字字真實無虛，而且已詳盡無遺。若不依此追求學習，失去了方向，必將枉費功夫，空留嘆息。

本篇歌頌太極拳的整體情形。

《 十三勢歌｜解讀 》

十三勢歌乃是太極拳的經典歌訣，精詳的描述了太極拳的形貌與內容，是功深以後的境況，先輩武禹襄氏得此歌及拳論後，據以研修，所得的心得與經驗，即是武氏家傳的打手要言，傳世以後，即為現流傳的拳經與十三勢行功心解。

（一）、「十三總勢莫輕視，命意源頭在腰際」

解：太極拳即十三勢，十三總勢是掤、攦、擠、按、採、挒、肘、靠、進、退、顧、盼、定十三個勢，勢者其中蘊含機勢，並非只是一個形式。

太極拳並非一般性運動，一般性的運動，是肢體動作的關節運動，人人生來都會。「命意源頭在腰際」，是言這十三個勢的運動，是以腰來主導引領的，是一種特殊的運動方式，也就是所謂的著法，以求做到「一動無有不動，一靜無有不靜」，周身一家的運動，乃有太極拳的作用，也就是拳經所言的主宰於腰。莫輕視，是不要輕視了這一要求。

太極拳是拳術，在於知怎麼動，也就是怎麼運作，乃有拳術的作用，並不是有了外面的姿式，而有

作用，所以太極拳是一種特殊的運動方式，如若用一般性的動作，人人生來都會比，學了外在姿式，所學到的只是一套姿式，太極拳不可能只是外面的姿式，太極拳既不用力，只求外面姿式，毫無作用是可以想見的。

（二）、「變轉虛實須留意，氣遍身軀不少滯」

解：要注意周身虛與實的轉換，內氣在周身運轉，不要稍有停滯。

太極拳雖有外面姿式，實是周身意氣的運轉，非以操作形式為訴求，而是運轉內氣，內氣的運轉要有虛實，虛實在於意，意所注意到的在實際運作的部分是實，未在意中的部分是虛，留意就是注意。

（三）、「靜中觸動動猶靜，因敵變化示神奇」

解：太極拳以靜為本，所謂以靜制動，靜中觸動動猶靜，是言我本守我之靜，若因外在因素要動時，身雖動，心仍要求靜，乃是動猶靜，即所謂動中求靜，動靜合一，是一個重要的運動法則，外可穩定身形，內可內練氣勁。

因敵變化示神奇，是由於我以靜制動，敵若攻我，我以虛實變化應之，彼不知如何而敗，而感到神奇。

（四）、「勢勢存心揆用意，得來不覺費工夫」

解：可見太極拳非難學，而是未得其法，於是往往認為是在學太極拳，實是在空求，這是言如果每一動作都用心求其法，於是得太極拳是很快的。法是心中的意，意即是言法，所以先輩楊澄甫氏云：「非取形似，必求意合」，即言並不是比外面形式的如何，「意合」就是法要符合要求，而能有作用，方不致枉費工夫。

（五）、「刻刻留心在腰間，腹內鬆淨氣騰然」

解：由於太極拳主宰於腰，所以刻刻注意腰的運用，由於周身鬆淨，內氣充沛，而感到腹內之氣有騰然之感，這是描述行拳時的狀況。十三勢歌，主在形容太極拳的狀況。

（六）、「尾閭中正神貫頂，滿身輕利頂頭懸」

解：尾閭是脊椎骨最末端的一段，位於仙骨之下方。中正是要前收，在一般狀況下，尾閭是後翹的，前收以後，以使脊骨垂直。「神貫頂」，是將神向上貫注於頂；「滿身輕利」，是周身輕鬆便利；「頂頭懸」，是心想把頭頂懸起，言下有尾閭中正，上有神貫頂，周身感到輕鬆便利，是一種逍遙自在的狀況。

（七）、「仔細留心向推求，屈伸開合聽自由」

解：「屈伸開合」，是言太極拳的運動，仔細深入研究就可知道，打太極拳自由自在，無一定的形狀姿式，任何姿式都可以打太極拳，同樣是一個逍遙自在的狀況。

（八）、「入門引路須口授，功夫無息法自修」

解：太極拳這門功夫，非人生而能知，而且反乎一般世俗的觀念，而令人覺得高深奧妙，要有口授心傳的引導，知其運作著法，知道了法以後，功夫自行修習，不要半途而廢。

（九）、「若言體用何為準？意氣君來骨肉臣」

解：拳術不外體與用，體是工具，用是使用，明示太極拳的體用是意氣，非肢體動作的形狀姿式。氣是體，意是用，以意運氣，既非形狀姿式，求形狀姿式何能有太極拳？不言可知。

（十）、「詳推用意終何在？益壽延年不老春」

解：太極拳本是道家的修為功夫，其為拳術，以謙讓不爭為用，非凶狠強鬥，寓功於不爭之中，而有其超乎凡俗的高尚境界。強調目的在於益壽延年不老春，但拳術已在其中。

（十一）、「歌兮歌兮百四十，字字真切義無遺。若不向此推求去，枉費工夫貽歎息」

解：以上所言，共一百四十個字，每一個字都真確不虛，內容詳盡無遺漏，若不依此研修，必將枉費工夫，空貽歎息。此段有可能是後人的感言。

第六節、打手歌篇

〈 原文 〉

掤攦擠按須認真，上下相隨人難進。

任他巨力來打我，牽動四兩撥千斤。

引進落空合即出，沾連粘隨不丟頂。

《 意譯 》

掤攦擠按即推手應用，推手要全神貫注，認真對待。

動要上身下身相連而動，同時更要與對手上下相連而動，也就是捨己從人，人就難以進攻。

任彼用大力來攻我打我，我讓而不抗，隨彼之動而動，以四兩之勁，撥其千斤之力。

引彼來勁，使之落空，著不到我身。一當合乎我的機勢，我即出手攻之。與彼周旋，要以沾連粘隨、不丟不頂。

本篇說明了太極拳的推手應用的基本法則，是拳論所言之理的實際使用。

《 打手歌｜解讀 》

　　此歌是太極拳推手的實用歌訣，打手即是推手，雖僅區區四十二字，不但已完整的說明了推手的原則與方法，同時也說明了太極拳的精華。太極拳入手之功在於此，成功神妙不可思議之功，也在於此，深值研習與探究。太極拳可以只知推手，而無拳架；只有拳架，而不知推手，是全無用處的空架子。

（一）、「掤攦擠按須認真，上下相隨人難進」

　　解：「掤攦擠按」即是指推手，由於太極拳所用在神，「須認真」，是言推手要專心一致，提起精神，認真對待，於是氣勁充沛於身，周身靈敏活潑，對外明察秋毫。

　　「上下相隨」，是要做到上身下身一致運動，不可只動上而不動下，要一動無有不動，一靜無有不靜，也就是要周身一家，不可散亂。不但如此，更要做到與對手的上下相隨。彼從上面攻來，我上面退讓；彼從下面攻來，我下面退讓；彼上面退去，我粘隨他上面；彼下面退去，我粘隨他下面，這即是捨己從人。能這樣做，對手就難以進攻我。前言「須認

真」，是言神的運用，此是體的運用。

　　不但如此，更要做到與對手的上下相隨。彼從上面攻來，我上面退讓；彼從下面攻來，我下面退讓；彼上面退去，我粘隨他上面；彼下面退去，我粘隨他下面，這即是捨己從人。能這樣做，對手就難以進攻我。

（二）、「任他巨力來打我，牽動四兩撥千斤」

　　解：任人來打，並不是呆著任人來打，由於太極拳的本質是以小力勝大力，以弱勝強的拳術，是寓功於守，守中有功，作用隱含於防守之中，不作主動先攻，彼若來攻，我不作對抗相爭，而是順人來勢避而讓之，即是「任他巨力來打我」。令彼之來力無從有著落而落空，作用全無，乃是運用陰陽之理，應對敵人。

　　彼之來攻，必有形象，一有形象，就有虛實，也就是陰陽，我避其實而就其虛，無須用大力，即可輕易擊之，此即是「牽動四兩撥千斤」，此乃原理，實際運用千變萬化，這種方式亦叫做「著」，所以拳論云：「由著熟而漸悟懂勁，由懂勁而階及神明」，

乃可如十三勢歌所云：「因敵變化示神奇」。太極拳拳法要求「捨己從人」、「隨曲就伸」、「左重則左虛」、「順人之勢，借人之力」，都是以弱勝強的著法，有任人來打不作還擊之意，乃是將陰陽變易之理，用諸於拳術，而能以柔弱勝剛強。

（三）、「引進落空合即出，沾連粘隨不丟頂」

解：「引進落空」，即是任他巨力來打我，我順勢避而引之，令彼落空；「合即出」，是當引進落空之際，一有合乎我發放之機勢，就發放。合是合乎機勢，能合機勢，一定可以發放出去，這也就是引彼落空，而我得機勢。彼若失機勢，我就可以四兩撥千斤。

「沾連粘隨不丟頂」，是言內勁的作用，內勁柔軟而能變化，而能沾連粘隨不丟頂。「沾連粘隨」是形容與彼粘連在一起；「不丟頂」是不可丟離，也不可相頂，太極拳之為拳術，是以近身粘連，變化在內勁，非遠身攻防。在遠身之時，相機近身，一旦近身，即是我攻彼之時。

第七節、**真義歌篇**

〈原文〉

無形無象，全身透空。

應物自然，西山懸磬。

虎吼猿鳴，泉清水靜。

翻江鬧海，盡性立命。

《意譯》

沒有形象姿式可言，周身空鬆無物，一無所有。

捨己從人，順應自然，不作主動，有如西山懸掛的磬一樣，悠然自在。

內氣呼吸，有如虎吼猿鳴，心靜神寧，有如靜止清泉。

內氣鼓盪，有如翻江鬧海，旨在修身養性，益壽延年。

注意：

是以先天內氣的呼吸鼓盪，非以口鼻呼吸空氣。

此歌為太極拳的最高境界，由於是秘傳，故所言全是隱語。

《真義歌｜解讀》

　　真義歌乃太極拳的最高境界，也是學習太極拳所要追求的境界。此歌相傳是由唐李道子密授予俞蓮舟之歌，所以又有「密授歌」之稱，雖僅短短八句，而已道盡了太極拳的深遠之境。前四句是言有形之身，後四句是言無形神氣。

（一）、「無形無象，全身透空」

　　解：無形無象，並不是言真正無形無象，而是言太極拳沒有形象可言，心中也沒有形象的思維，也就是不在外面，忘我忘己，隨人之變化而變化，十三勢歌云：「因敵變化示神奇」。

　　全身透空，也不是真正的透空，乃是由於周身已徹底的空鬆，令人全無著力之處，似乎空無所有。由於功深以後，全是意氣，所以令人覺得空無所有。既全身透空，自可無形無象，要全身透空，就要求周身徹底鬆柔。

（二）、「應物自然，西山懸磬」

解：「物」是言外在事物，這裡是言推手時之對手，或外在敵人。「應物自然」，是言對外來攻擊，要任其自然，也就是要「捨己從人」，「任他巨力來打我」，任彼攻擊，謙讓不爭，雖在對敵，卻不作主攻，像西山懸掛的磬一樣，逍遙自在。這是功深以後的應對的觀念，人無從能攻我，而我則隨時可還擊。

（三）、「虎吼猿鳴，泉清水靜」

解：「虎吼猿鳴」，是言內在先天內氣的呼吸，像虎吼猿鳴一樣的鼓盪變化，是修練內氣。「泉清水靜」，是言無論自己練習或在對敵之時，心平靜如水，泰然自若，雖有若無。

（四）、「翻江鬧海，盡性立命」

解：「翻江鬧海」，是以神意使內氣在身內鼓盪，有如翻江鬧海一般。「盡性立命」，盡性，是言學習太極拳乃是在修養心性，不爭不抗，捨己從人；立命，是內練心神意氣，求養生祛病，益壽延年。

以上經歌所言，難以理解，由於全是功深以後，運作內在意氣勁的情形，須待練有意氣勁之後，即有其具體的感覺與理解。

「吾所以有大患者，為吾有身。

及吾無身，吾有何患？」

——《老子道德經》第十三章

「取天下常以無事，
及其有事，不足以取天下。」——《老子道德經》第四十八章

太極拳的運作

第一章 ｜ 運作的觀念

　　太極拳並非一般觀念中所知的拳術，以一般性的動作方式，操作外面姿式，尚不能稱為太極拳。太極拳有一定的運作方法，也就是著法，由於以一般拳術的觀念思考太極拳，所以難知難明，不得其門而入，其原因在於，一般拳術是一般性的肢體動能，太極拳用意不用力，是棄原用的肢體動能不用的拳術，拳論云：「是皆先天自然之能，非關學力而有也」，即言肢體動能是先天自然之能，非關乎太極拳，太極拳是後天學習之能，也就是著法，乃是太極拳有無的關鍵所在，十三勢歌云：「若不向此推求去，枉費功夫貽嘆息」，拳論云：「差之毫釐，謬以千里，學者不可不詳辨焉」。

　　所以學習太極拳，首先不可不了解，太極拳不同於一般觀念中的拳術，非一般性的肢體動能，以一般拳術的觀念思考太極拳，是無從理解與學習的，以致久練無功，空無作用，從太極拳要求慢鬆不用力，就很明顯的知道，是求棄先天本有的肢體動能不用的，所以有深遠的內涵，對任何人而言，不但是一個全新

的學問，全新的認知，更是一個反向的觀念，是要從頭開始學習的學問與藝能。

其求慢鬆不用力，不同於一般的拳術，由於太極拳在本質本性上是求以弱勝強的拳術，以柔弱的方式，制勝剛強的方式，在拳法上運用「不頂不抗」、「順人之勢，借人之力」、「隨曲就伸」、「捨己從人」、「左重則左虛，右重則右杳」、「一羽不能加，蠅蟲不能落」……等，不勝枚舉，無不都是求以柔弱的方式，以制勝剛強，其所以能以弱勝強，由於本於陰陽，是道家的思想，先聖老子曰：「天下之至柔，馳騁天下之至堅」，又曰：「夫惟不爭，故天下莫能與之爭」，雖是哲理，但太極拳是道家思想具體的呈現與實踐，在太極拳中能具體的體現出來，非外面的形狀姿式，可以產生這一作用。

第二章 ｜ 運作的本體

　　太極拳雖有外面姿式，但不能認為太極拳是外面姿式，打外面姿式就可以有太極拳。太極拳運作的本體全是心中的運作之法，也就是著法，完全不在外面姿式。外面的姿式是形狀姿式，全無太極拳可言，所以拳經云：「凡此皆是意，不在外面」，歌訣云：「身形腰頂豈可無，缺一何必費工夫」，即言身形腰頂處處都要有著法，並非有了形式而有太極拳。

　　太極拳不同於一般觀念中的拳術，並非一般性的運動，也就是拳論所說的「非先天自然之能」，若以一般性的運動方式打外面姿式，就只是一個形狀姿式，人人生來都能，就全無太極拳可言，以致空有形式而無太極拳。所以經歌宗師都明示太極拳不在外面姿式，學太極拳要知著法，有了著法乃有太極拳的作用，乃能有太極拳，也就是以一般性的動作方式，打外面的姿式，乃先天自然之能，是沒有太極拳的，乃是形狀姿式。為便於理解與學習，茲本經歌宗師的承傳，將著法的基本要領分列於次。

第一節、預備式（混元無極樁）

　　預備式是太極拳的根之所在，由於太極拳非一般性的先天本有動能，預備式即是先求棄盡先天本有之能，進入全無人為狀態，純歸自然，進入虛無之境，以啟動自身先天內氣，以備拳術之用。由於尚未分陰陽，體現了宇宙之形成，由虛無而進入無極，茲將運作之法，述之如次：

　　先選擇安靜地點，自然站立，心平氣和，一無所思，兩臂自然下垂，兩腳與肩同寬，心中盡棄任何人為之法，即非在作運動，也非在打拳，完全進入無事狀態。兩眼不妨觀視遠處景物，自認是在休閒觀景，於是兩手兩腳即有氣感產生，乃是由於返璞歸真，純歸了自然。若腳上仍無氣感，可心想腳底平貼地面，腳背放鬆放大，即可產生。氣血旺盛者，臉上也會顯紅發熱，若仍全無感覺，可檢視是否尚有人為之法，身體有沒有完全放鬆。一般而言，人人都會有氣感，待有氣感以後，可將神收回，將意寄注於小腹丹田，站立時間不拘，如感周身舒暢，站立愈久愈佳。

　　這是混元無極樁，也就是太極拳的預備式，就養生而言，是練氣養神，可以養生祛病，益壽延年；就

拳術而言是培養內勁，以為拳術之用。拳術動時，內氣運轉而分陰陽，而有太極，由此可發現，先哲認為宇宙的誕生，由虛無而無極，而太極，而後生萬物，可以應之於人體。

若站立而沒有氣感，就沒有功能，這全是由於尚有人為作為，未能純歸自然，而無從自知，若有這種情形，可心中求沉肩、墜肘、涵胸、拔背、鬆腰與坐胯，求有這種鬆開的感覺，把感覺做出來，就會有氣感的產生，行之日久，或會產生身體自動的情形，可不必介意，乃是由於內氣未通，待通以後，自會不動，所謂「動者不通，通者不動」。

若不練拳術，即站此預備式，以求養生，亦可得益匪淺。

第二節　起勢（大鵬展翅）

起勢亦可稱為大鵬展翅，以求在走架之前，先啟動內氣。

在預備式的基礎上，將兩臂徐徐向左右張開，有如大鵬展翅，重要的是要心求動作慢輕不用力，待高過肩首，即徐徐向內合，再由胸前徐徐下沉，在過程

中，同時心想身體放鬆，此時手上必生氣感，待兩臂下沉歸返預備式時，略停一停，身體鬆淨，再作第二遍，遍次不拘，愈久愈佳。若不打拳，只作起勢，亦有養生之功，受益匪淺。

功全在於心中的求慢、輕、不用力，不要視為功在外面的形式，若有作形式之想，必生僵硬，氣感全無。心中要求向外開展，不要內收，力求自然舒暢。

第三節　走架

在預備式及起勢後，就可進行走架。至於套式，由於在走架中功在著法，不在形式，所以任何套式都一樣，都可以走，或在套式中挑選任何姿式，都可以練，並非一定要有何種一定樣式的姿式才能走。會太極拳是會著法，不是會外面形式，可以只有著法，沒有一定的樣式，不可以只有一定的樣式，而不知著法。茲將走架的基本要求，述之如次：

一、鬆柔不用力

鬆柔不用力乃是太極拳之本，猶水之於魚，無論養生與拳術都本於此，由於具有對太極拳的根本性與

重要性，所以太極拳的著法，主要都是為了求鬆柔不用力，以求由一般性的運動，轉化為太極拳的運動。

　　鬆柔與不用力，二者雖二實一，要鬆柔，心中就不可用力，要不用力，心中就必須求鬆柔。由於太極拳是內家拳，是內練之功，用力是求外在肢體動作之能，乃是外家拳所求，鬆柔不用力是求內練之功，有內練之功而能有太極拳，諺云：「外練筋骨皮，內練一口氣」，即是言內外之別，要有內練之功就必須鬆柔不用力；苦於不能鬆柔，由於以外家拳的觀念，在外面姿式動作中求太極拳，求外面姿式動作，勢必會產生僵硬，還何能鬆柔？而且若以為一定要用力才能有作用，顯然背乎太極拳的要求，所以要了解太極拳，必須要了解太極拳與外家拳的差異與不同。外家拳是使用先天本有之能，也就是一般性的動作，使用外在肢體之能，所以必須用力；太極拳是鬆柔不用力，以求內練之功，而能養生祛病，益壽延年。茲將鬆柔不用力之法，述之於次：

（一）中正安舒

　　乃是立身之本，即有關於鬆柔，能中正安舒，

乃能鬆柔。「中」是身體重心要在立身的中心，不偏不倚，無論形式如何，都要保持在中心，乃能鬆柔靈活；「正」是周身處處要端正自然；「安」是由於中正，就可自覺立身安定安全無虞，不懼人攻；「舒」是因而周身舒暢，進入鬆柔之境，能鬆柔，一定會舒暢，感到舒暢，一定由於已經鬆柔。

　　總之，立身要鬆得透，站得穩，動得靈，就已有了中正安舒，拳論之「立如平準」，平準乃是天秤，天秤有中柱，言立身要像天秤一樣的有中柱，乃是中定之勁，有中正安舒，乃有中定。

（二）沉肩、墜肘、涵胸、拔背、弓腰、坐胯、開檔等七要

　　這是鬆身大法，一般都未加重視，實是鬆身之本，這乃是有關關節在鬆放之後所產生的感覺，非刻意在形式上去求，例如，肩鬆放後就有下沉的感覺，胯鬆放後就有坐下的感覺，是鬆放後之感覺，有此感覺乃是已鬆放了，若刻意在形式上去求，必愈求愈僵硬，適得其反。拔背是背鬆放後就有拔的感覺，無關於練氣，如使胸舒暢內涵，背就有拔感，由是呼吸自

然下沉於丹田，即是氣沉丹田，以自然舒暢為宜，不宜刻意操作。

　　無論在練架或推手，都要求有此種鬆放的感覺，乃能有鬆柔。在練架中，雖有形式，心中是求此感覺，非求形式，自有非同小可之功，如求形式，必生僵力，就永遠是個形式，必全無進展，所以天天練，天天都一樣。在推手中，求此感覺，自能鬆化來力，諺云：「練拳不練功，到老一場空」，即是言只求形式，而不知著法，終究是一場空，求鬆柔即是在練功。

（三）虛領頂勁

　　也是求鬆柔之法，是以神意輕輕把頭頂向上領起，以求頭頸部的鬆柔，頭頂就有懸起的感覺，所以又稱「頂頭懸」，功深以後，就有身內鬆柔之勁懸於頂上的感覺。「虛領」是以神意輕輕領起，非用力提起，這與前述七要，同是鬆身之法。

（四）尾閭中正

　　尾閭中正在太極拳具有關鍵性的作用，尾閭是脊

椎骨最末端的一段，位於仙骨之下，是言尾閭部份的中正。人在一般性的站立時，尾閭是往後翹的，而腰椎則是呈前挺狀，為使脊骨的打直，利於周身鬆柔，上下連貫一氣，尾閭有必要由後翹收為向前，所以又稱尾閭前收。要使尾閭前收，可將前挺的腰椎往後弓，腰椎一弓，尾閭即前收，脊骨就自然打直，這是人體結構的自然現象，同時連帶可產生沉肩等七要，所以具有關鍵性的作用，此乃身法，對身體部份的要求。如若腰不弓，尾閭後翹就一概全無，這是要在練架中練習，推手中刻刻保持的功法，即是所謂的「身法不破」，若破了即呈敗象。

　　值得注意的是，不能認為求尾閭中正是直接將整個脊骨打直，像筆桿一樣的直，若如此，尾閭與脊骨雖然直了，但無比僵硬，要求鬆柔已不可能，同時沉肩等七要也一概全無，就永不可能求得太極拳。要求尾閭中正，非以弓腰使尾閭前收不可，乃可下盤穩實，周身鬆柔一家。

（五）不可動手

　　動手必生僵硬，前人云「太極拳不可動手，動手

即非太極拳」，由此可見要知不動手，動手就不可能有太極拳，能夠不動手才是會了太極拳。

雖是一個小小的要求，但關係著整個太極拳的有無，動手乃是先天自然之能，人人生來都會，無須學習，也不可能有何進步。太極拳不動手，是動腰腿，是後天所要學習的，即是著法，拳經云：「其根在腳，發於腿，主宰於腰，形於手指」，太極拳就要會這樣的運動。形於手指，是言由腰腿的動作，產生了手的形狀，換言之，手的形狀是由腰腿的動作所產生的，非手的自動，而能有太極拳的作用，由於是後天的學習之能，所以可以愈練愈精，但仍宜保持鬆柔舒暢，不可用力。

待功深以後，全是內在意氣勁的作用，更無須用手。所以先輩陳鑫氏云：「外之所形，莫非內之所發」，可見以動手只求手的形式，只是空求而已。

（六）用形非太極

一般認為太極拳是外面姿式，作用在外面姿式的如何，但太極拳非外面姿式，全非在外面姿式上求，從太極拳求鬆柔不用力，就可知道不可能是外面

姿式。所謂不在外面姿式，是指如以一般性的動作比外面姿式，乃是形狀姿式，與太極拳全無相干。太極拳雖有外面姿式，實是內在著法，要知怎麼動，怎麼打。所以先輩楊澄甫氏云：「非取形似，必求意合」，「非取形似」就是非以先天本有動作比外面形式，「必求意合」就是一定要知著法，可見以一般性的動作比外面形式就非太極拳，是沒有太極拳的，必是枉費工夫，太極拳沒有那麼簡單，只是一個姿式。

著法就是要領，要有傳授，十三勢歌云：「入門引路須口授，功夫無息法自修」，即是言著法要有口授，往往由於不知，而空比形式，由是就只有形式，而無太極拳。

（七）用力非太極

太極拳是內家拳，係以鬆柔不用力求內練之功，是後天學習之能；用力必生僵硬，是先天本有之能，與內練之功相對相反，可見用了力就無太極拳可言。不用力與不動手，及不用形的作用與意義是一致的，既不用力，又何能有手與形的作用？換言之，太極拳並非一般性動作的先天本有之能，一定要用力才能

有作用的；反之，運用著法求內練之功，是後天學習的智能。能不用力而有作用，是區別有無太極拳的準則，若仍用先天本有之能，就無太極拳，所以拳論云：「是皆先天自然之能，非關學力而有也」。所謂不用力，是心中求不用力，也就是不用力而能鬆柔，心中求用力就是用力，必生僵硬。

二、分清虛實

虛與實即是陰與陽，乃太極拳的本體，有虛實而有陰陽，有陰陽而有變化，有變化而有太極拳，是太極拳以弱勝強的基本法則。

所謂「實」乃是身體實際在使用的部份，所謂「虛」是未使用到的部份，身體不斷的在變化，虛實也不斷的變化，也就是陰陽在變化，這一虛實是要以心意注意分清楚，所以十三勢歌云：「變轉虛實須留意」，拳經云：「虛實宜分清楚，一處有一處虛實，處處總此一虛實」，有虛實乃能有陰陽變化，乃能以柔弱勝剛強。

由此可見，比外面姿式全無太極拳可言，單人練架注意自己本身的虛實，與人對手就要注意兩人共同

的虛實，這是學習太極拳者所要負起的責任，而能發揮陰陽變化的作用，以柔弱勝剛強，拳論所言「隨曲就伸」、「捨己從人」，即是運用這一道理的法則，又云：「一羽不能加，蠅蟲不能落，人不知我，我獨知人，英雄所向無敵，蓋皆由此而及也」，知即是知虛實，一羽不加，蠅蟲不落，乃是隨曲就伸，捨己從人的高深境界，一根羽毛之力都不讓加到我身，一隻蠅蟲之重都不讓落到我身，我也不可加於人，若加到落到，就無陰陽變化。

三、節節貫串

「節節貫串」是將周身鬆柔之勁處處連結為一氣，乃是太極拳的體，也就是周身一家，而有周身一太極，運用陰陽虛實的變化為拳術，所以節節貫串實是太極拳的根本，有體而能有用。嚴格的說，要會了節節貫串才是會了太極拳，自能有非凡的作用。

要能節節貫串，就要周身鬆柔，如若有僵硬處就產生散亂。要能鬆柔，就要在動作中處處求鬆柔，若求形式必生僵硬。太極拳打得對與不對以鬆柔為準，能鬆柔的就是對，若運用方法產生了僵硬，這個方法

就是不對的方法，因為鬆柔乃是太極拳之本，有鬆柔才能有陰陽變化，才能有太極拳。

四、不可雙重

雙重是兩相頂抗，雙方都用重力，沒有虛實變化，所以是雙重。雙重就是相頂，在個人而言，身體僵硬，不能有虛實變化，也是雙重，雙重與虛實是相對而言的，是太極拳的大忌，致敗之因，也無太極拳可言，拳論云：「偏沉則隨，雙重則滯。每見數年純功，不能運化者，率皆自為人制，雙重之病未悟耳」，即言致敗之因在雙重。「偏沉則隨」，是在相頂之時，有一方放鬆就可活動，產生陰陽變化。「雙重則滯」，是互不相讓，就呆滯不能動，既無陰陽，就力大者勝，或為知太極拳者所敗。

所以學習太極拳欲求勝，千萬不可雙重，能知偏沉乃有陰陽，而能有變化，而能以柔弱勝剛強，乃智慧的運用。用力相頂，有了雙重，人人生來都會，又何須學太極拳？太極拳本是運用柔弱，以勝剛強的拳術，以謙讓不爭為用，是道家的思想，先聖老子曰：「夫惟不爭，故天下莫能與之爭」，太極拳是道家

思想具體的體現，其所以能有此功，乃是本於陰陽之理。

五、本於陰陽

陰陽即虛實，太極拳本於陰陽的運用，虛實的變化即是陰陽的變化，而能以柔弱勝剛強，而能是太極拳，乃是太極拳的本質與本性所在，是智慧的運用，非以力勝。

柔弱與剛強本是一陰一陽，太極拳在拳法上，都是以柔弱的方式以勝剛強，是道家的思想，先聖老子曰：「天下之至柔，馳騁天下之至堅」，又曰：「夫惟不爭，故天下莫能與之爭」，其所以能以弱勝強，由於本於陰陽之理，離陰陽之理，既不可能以弱勝強，也難以為太極拳。

彼若以力攻來，我退讓不接，彼之力又何能有作用？反將為我所用，即是運用陰陽，以柔弱為用，所以打手歌云：「任他巨力來打我，牽動四兩撥千斤」，是後天所要學習的，陰陽虛實的變化即是所謂的「著」，所以拳論云：「由著熟而漸悟懂勁，由懂勁而階及神明」。

六、折疊轉換

「摺疊」是像一塊布一樣的可折疊，是言在動作的往返之間，身內要有折疊的感覺；「轉換」是言由退轉換為進，或由進轉換為退，身內要作出相應的轉換，這是可以感覺得到的。

行功心解云：「往復須有折疊，進退須有轉換」，目的在求周身鬆柔的綿綿不斷。要能摺疊轉換，在往復進退中，不可直接來回，在來回往返轉變之際，必先靜下身來，先求開檔坐胯，以求放鬆身體，然後再轉變，其中即有摺疊轉換的感覺，而能使鬆柔綿綿不斷，如此一作，沉肩、墜肘、涵胸、拔背的要領也都產生，總之，在每一動的轉換中，都要先將身體放鬆後再動，就會有此感覺，其功自非同小可。

七、呼吸自然

呼吸乃是練內功，在太極拳乃是件大事，也是運動的本體所在，要由練有所成的功深者指導，並非道聽塗說就可練習，以免產生危害。若不知呼吸，以本來的自然呼吸為宜，求周身的自然舒暢就可以。

一般而言，練呼吸是先求丹田呼吸，而後進入內氣的內呼吸，非原來的胸部呼吸。只要求弓腰涵胸，放鬆身體，呼吸自會下沉於丹田，是自然下沉，切忌下壓，然後輕輕作自然呼吸，並以神注意到呼吸，日久呼吸自會漸漸深長，產生內氣遍流周身的內呼吸。這也是要慢慢體會，漸漸學習，以求自然舒暢方為合宜。

八、是後天之能，非先天動作

太極拳的動作，皆非先天本有動作，要能去除先天本有動作，乃是太極拳的動作，換言之，用先天本有動作皆非太極拳，從只要一動就生僵硬，不可能鬆柔，就可證明。太極拳要求不用力，要鬆柔，要摺疊轉換等等，都是求不作一般性的運動，以一般性的動作，要求鬆柔是絕不可能的。

簡言之，先天本有動作，是一般性的關節運動，所以會僵硬；太極拳求鬆柔不用力，棄關節運動不用，以求柔軟的筋肉運動，沉肩、墜肘、涵胸、拔背、鬆腰、坐胯，以及種種著法，即是在求棄關節運動不用，而求筋肉的柔軟運動，皆是後天學習之能，

所以拳論言快與力云：「是皆先天自然之能，非關學力而有也」，此實是太極拳有無的關鍵性分野。

九、動中求靜，動靜合一

動中求靜，是言身雖動，心中要求靜，也就是要求不動，乃是動靜合一，實是太極拳運動的根本要法，如此乃有太極拳，乃是內勁的培養，動中求不動乃有內勁產生，是可感覺出來的，若一味求動，就空空盪盪一無所有，練等於沒練，先輩武禹襄氏在其打手要言中言：「身雖動，心貴靜」，即是此意。

以上所言全是太極拳之為太極拳的基本要領，非先天本有之能，乃是後天學習的智能，所以太極拳並非外面的姿式，若以先天本有之能，比外面的姿式為太極拳，實與太極拳全無相干。

第三章 ｜ **推手**

　　並非會了拳架姿式，就會了太極拳，太極拳是拳術，學習太極拳是學拳術，並非只是為了打拳架姿式，要知拳架姿式中的要求與著法都是拳法，即是為了練推手，走架與推手是一體相連的，並非拳架是拳架，推手是推手，互不相關。走架是奠定推手的基礎，所以會走架，就應已能推手，此乃可以想見的，否則練拳架姿式的目的又是何在？況且太極拳的作用又不在外面的姿式，太極拳不可能只是為了打外面的一套姿式而沒有作用。

　　所以會了拳架姿式而不能推手，是與太極拳沒有關連的空形式，並非太極拳。所有的運作方式，雖言如何如何，實全無作用，所以是空形式，致使有心於太極拳者，無從學得太極拳。太極拳則不同，學拳架姿式即是學推手，內中之法，全是推手之法，二者前後相通，所以走架有如練兵，推手有如用兵，內在著法完全一致，在前面已有詳述，在此不再贅述，並將有關推手而尚未言及者，分述如次：

一、搭手

與人搭手，首先身要鬆，心要靜，然後全神貫注，靜待彼動，俟機因應，所謂「彼不動，己不動；彼微動，己先動」，以靜制動，是根本要旨，在整個過程中，都要如此。十三勢歌云：「靜中觸動動猶靜，因敵變化示神奇」，「動猶靜」就是身雖動，而心仍要靜，而能明察秋毫，運用虛實，令敵敗於意外之中，示以神奇。

二、接敵不接

所謂不接，是手雖接而心中不接，以求保持自己的鬆柔，可以不令人知。心雖不接，而神已接；若心也接，即使再輕，還是會有僵硬，而為人知。拳論云：「人不知我，我獨知人，英雄所向無敵，蓋皆由此而及也」，不令人知，令人處於危險之境，而無從自知，是太極拳的制勝要訣。

三、捨己從人

捨己從人，是捨棄自己的主動，完全隨人之動而動，形影相隨，示以柔弱，不與相爭，完全消化敵

人的攻擊，乃本於陰陽之理，陰不離陽，陽不離陰，陰消陽長，陽消陰長，使彼來力完全不能發揮作用，而我則明陰陽，運用虛實之法，攻而擊之，是太極拳以柔克剛，以弱勝強的基本法則，是太極拳的本義所在。

太極拳是道家的思想，先聖老子曰：「夫惟不爭，故天下莫能與之爭」，我捨己從人，不與人爭，人又何能與我爭！而我則運用陰陽，寓爭於不爭，否則又何能以弱勝強！太極拳本是以運用柔弱的方式，制勝剛強方式的拳術，而有其不同的價值與意義。

四、不頂不抗

不頂不抗也就是捨己從人，頂抗即是一般所說的雙重，雙方都用了重力，所以是雙重，乃是太極拳的大忌。凡太極拳的敗，都是由於雙重，不頂不抗而有陰陽，才能避免雙重。拳論云：「每見數年純功，不能運化者，率皆自為人制，雙重之病未悟耳」，即言其敗由於雙重，相頂抗就無陰陽，即使因人大力大而勝，但就太極拳而言仍是敗，完全背乎太極。太極拳是運用智慧，是以智取，而非力勝。

五、虛實

虛實是太極拳根本大法，所謂太極拳其實是虛實拳，所以再度提及，虛實就是陰陽，所以是太極拳。

人體的使用，並非使用身體的全部，而是部份，一般拳術的運動，多不講求虛實，而太極拳則全是虛實，虛是人體並未使用到的部份，為人所不知，是為虛；實是實際在使用的部份，為人所知，是為實，明太極拳要明此虛實，拳經云：「虛實宜分清楚，一處有一處虛實，處處總此一虛實」，可見太極拳是虛實而已。由於運動變化無窮，所以虛實也變化無窮，所以一處有一處虛實，也就是一個狀況有一個狀況的虛實。

一人打拳，有自己一人的虛實，隨時要分清楚，才能是太極拳，所謂「周身一太極」；兩人對手，就有兩人共同的虛實，彼有形有象為我所知的部份是彼之實，兩人對手，必是兩人實處相接，攻防往來，全是虛實的變化，我以虛攻彼之實，彼由於不知，而為我所發，這就是所謂的「著」，要演練純熟，愈練愈精，拳論云：「由著熟而漸悟懂勁，由懂勁而階及神明」，千變萬化不外此一虛實而已，所以又云：「雖

變化萬端，而理為一貫」，所以太極拳要依理研修，本不在外面姿式，而以外在姿式是求，自是一片茫然。

六、中定

中定是立身之本，即是要有個內勁的中柱，以使己身站得穩，鬆得透。要有中柱，就要周身放鬆，尾閭中正，鬆腰坐胯，力在腿上，任何姿式都可以有中柱，都可以中定，即使歪斜傾倒之勢也是一樣，拳論云：「立如平準」，即是言中定，平準即天平，有個中柱，即中定之勁，只是平準的形狀是固定不變的，而身形則可以變化無窮。

七、不動手，不用手

動不動手，用不用手，在太極拳是極具關鍵性的一件事，是會與不會，有與沒有太極拳的分野，故有「用手非太極拳」之言，既非太極拳就永不可能有太極拳，永遠不得其門而入，所以要會太極拳，就要會不動手、不用手。

所謂不動手、不用手，並非就完全不用手，而

是言雖與人搭手，但不可直接用手，而是要用腰腿，功在腰腿不在手，若用手，就破壞了作用，不可不認真正視。十三勢歌云：「十三總勢莫輕視，命意源頭在腰際」，即言不要輕視了，太極拳的動，是由腰來主導的，用手人人生來都會，是先天自然之能，不用手而動用腰腿，是要由後天學習的，拳論云：「是皆先天自然之能，非關學力而有也」，即言先天自然之能，非關乎太極拳，所以學太極拳而難成太極拳。太極拳是後天學習之能，是太極拳對錯有無的區分，凡先天自然之能就非太極拳，不可能有太極拳，太極拳許多要求與著法，都是為了棄先天之能，求後天之能。

　　要會太極拳，一定要會運用腰腿而不用手，手的動作人人生來都會，學等於沒學，運用腰腿是由學而後能的，而能有進步，拳經云：「其根在腳，發於腿，主宰於腰，形於手指」，即言是運用腰腿，手的形狀是由腰腿所產生的，看起來，這種說法似乎很複雜，其實只要只動腰腿不動肩手，就可以做得到，由於是一種新的運動方式，練習時一定要力求舒暢自然，慢輕不用力，以免有偏失。

在推手，就要會不動手、不用手。會不會推手，在於會不會用腰腿而不用手，完全用腰腿，完全不用手，才是純真，而能有神奇不可思議之功。若用手，必為人知，更非周身一家，完全背離了太極拳的規律。

八、佔勢

太極拳的勝敗在於勢，拳勝先勝勢，拳敗先敗勢。勢有背順，背勢是劣勢，為人所制的勢；順勢是優勢，人為我制的勢。只要能佔得勢，對手的力再大，也無用武之地，故能以弱勝強。佔勢要用腰腿，不可用手，由於勢在於腰腿，拳經云：「有不得機得勢處，其病必於腰腿求之」，得機得勢是順勢，不得機得勢是背勢，即言由背勢轉順勢，要運用調整腰腿來處理，太極拳全在於勢，所以稱十三勢。

九、動必求柔

太極拳以柔克剛，柔是太極拳的根本，凡太極拳的敗，全是由於不能柔，而產生雙重，若能保持柔，就可保持不敗，拳論云：「每見數年純功，不能運化

者，率皆自為人制，雙重之病未悟耳」，其敗由於未能悟明敗在雙重，雙重就是相頂，雙方都產生了重力，於是不能柔，產生了僵硬而雙重。能柔就可化解來力，人就無從勝我，這是太極拳以弱勝強的理之所在。

但是，人若一動，必生僵硬而不能鬆柔，所以推手就不可用一般性的動作，凡動心中就要求柔而不僵，令人沒有著落，而不能攻我，不可一動就僵，而為人所乘。要能動而不僵，保持鬆柔，只要在動前先放鬆身體，就可動而不僵。

十、發勁

發勁是推手的最終目的，千變萬化只是為了將對手發出。要能發放，先要有「化引蓄拿」，雖似乎很複雜，功深者可一氣呵成，接到手就可發。

化是順勢後退，化彼來力；引是引到我的機勢上來；蓄是在引化之際，將勁蓄於腿上，以備發放；拿是拿到對手的實處，自覺可以用所蓄的勁把彼發出，然後才能發。發時周身既已將彼接好，就不可亂動，切不可亂動，一動就破壞全局，只可動腿，只要發出

腿勁，就可發出，這樣才是發勁。把勁發出來，切不可有用手發之意，要切實遵守「原路不發，原力不用，原形不變，原點不動」的原則，這樣就可以令對方不知，自己也不知，發人於不知不覺之間，出手不見手，發人不見形，才是真正的發勁。先輩郭雲深氏云：「有形有意都是假，拳到無心方見真」，動形以及有動形之意，都是假的，因為這種動都是先天自然之能，要沒有這樣的心意，而能將人發出，乃是真正的發勁。

發勁方式其實甚多，主要的分野，在於是不是用手。用手是先天之能，要能以不用手，非以先天之能而發，才是真正會了發勁。

第四章 | 太極拳的勁

　　要了解勁，不可不了解勁與力的不同。力是心中刻意用力所產生，筋肉堅硬，為平時所使用的力；勁則不同，是心中刻意不用力，筋肉柔軟的力，所謂用意不用力，只用意而不用力的力，非一般所使用，由是筋肉柔軟而有彈性，力是沒有彈性的。由此可見，無論力與勁都生於筋肉，一是筋肉堅硬的力，一是筋肉柔軟的勁。勁也是一種思想的運用，以意所產生的作用。

　　古言「力由於筋，勁由於骨」，亦有云：「力由於骨，勁由於筋」，二者所言相反，究以何者為是？究其事實，以前者為是。

　　首先，力是不可能由於骨的，由於心意不可能使用骨，只能使用筋，不能因為骨堅硬就認為力出於骨，力仍出於筋，由於筋肉堅硬而有力。至於勁，「勁由於骨」是符合事實的，因為心意著於使用骨而不著於筋肉，筋肉乃能柔軟，但仍有力量，是一種筋肉柔軟的勁，而非力，為免於誤導而失去方向，於此作一分析。

一、化勁

　　由於太極拳本是以運用柔弱的方式，以致勝剛強方式的拳術，所以化勁乃是太極拳所使用的基本勁，即是柔弱的運用。人若以力攻來，我退而讓之，不頂不抗，不使著於我身，化解來力，乃是化勁，使我始終處於不敗之地，拳論所言「隨曲就伸」、「捨己從人」、「左重則左虛，右重則右杳」等都是化勁，避而不接，化解來力，令彼雖用力，而無作用。又云：「一羽不能加，蠅蟲不能落，人不知我，我獨知人，英雄所向無敵，蓋皆由此而及也」，是功深以後，化勁的神妙境界，乃是本於陰陽消長之理，若頂抗相爭，就無太極可言，必力大者勝。先聖老子曰：「天下之至柔，馳騁天下之至堅」，太極拳的化勁，乃是具體之應用。

二、走勁

　　不與相爭相抗，走而讓之是走勁，拳論云：「人剛我柔謂之走」，言人以剛強的方式攻來，我以柔弱的方式走而讓之乃是走，實是以退為進，高明的取勝之道，是以智取勝，非求力勝，深含哲理，陰中有

陽，陽中有陰，無為而有為。先聖老子曰：「夫惟不爭，故天下莫能與之爭」，我不爭，天下又何能與我爭！是以不爭為爭，人若攻來，我走而避之，人又何能攻我？而我則運用陰陽，避其實而制其虛，出其不意，攻其無備，而能以弱勝強。

三、引勁

引勁是以走化的方式，引彼之力入於我的機勢之中，打手歌云：「引進落空合即出」，即言將彼進攻的來力，引入我的機勢，使之著不到我身而落空。合即出者，當合乎我發放機勢之際，即予發出。

四、蓄勁

不能只有引而無蓄，只引而無蓄是空引，引中要有蓄，有蓄而能有發，要有蓄勁必要求鬆柔，由於太極拳的勁由鬆柔而生，以化外力為內勁。行功心解云：「曲中求直，蓄而後發」，曲中求直即是求積蓄內勁，有如彈簧被壓下，就是曲中求直。又云：「蓄勁如張弓，發勁如放箭」，張弓是曲中求直，是蓄勁，太極拳要蓄勁就必須鬆柔，鬆柔乃有彈力。行

功心解又云：「發勁須沉著鬆淨」，沉著是使勁下沉有著落，發勁乃有根。鬆淨就是要鬆，要鬆得乾淨徹底，無絲毫硬力，使硬力全化為內勁。

五、拿勁

有引有蓄不可無拿，拿並不是一般性的用手與力拿，而是用意與勢，拿妥彼身內有形有象的實處，到自覺可以用己身所蓄的勁能發放，乃是拿準、拿到，要不令人知，拳論云：「人不知我，我獨知人」，功淺者往往為人拿住而無從自知，在不知不覺中被發出。若用手與力拿，就要當心反被發放。

六、發勁

拿住以後就可發，而且也才可以發。發是以意把自身所蓄的勁發出，並非另行用力來把人推出去，推非發。發是發自己所蓄的勁，所以「發勁似放箭」，發之前一定有「化引蓄拿」，有了「化引蓄拿」，發就很簡單，就像做熟了包子吃包子一樣。化引蓄有如張弓，拿有如放箭瞄準目標，一般覺得發勁很難，其實化引蓄拿才是難，所以太極拳要鬆柔，能鬆柔乃能蓄內勁，以備發放。

七、掤攦擠按採挒肘靠八法之勁

內勁乃是太極拳的基本勁，八法之勁乃是內勁的八種不同用法，不同於力，先輩孫祿堂氏云：「拳術之內勁，實為人身之基礎」，是言內勁乃拳術之體，有體而能有拳。

掤勁是在心態上以內勁對外力的承受，不可用力，勁發於心中的意，不在於手。

攦勁是順來力，以內勁向後引之，在心態上是閃避來力，不可用力，是順人之勢，借人之力，勁發於心中的意，不在於手。

擠勁是在心態上將內勁向前震彈，不可用力，勁發於心中的意，不在於手。

按勁是在心態上按住來力，不可用力，勁發於心中的意，不在於手，內隱含化勁，而能化解來力。

採勁是在心態上有如在剎那間採下樹上的果實，不可用力，勁發於心中的意，不在於手。

挒勁是在心態上以手或手與腳作交錯動作，使人跌倒，不可用力，勁發於心中的意，不在於手與腳。

肘勁是在心態上以肘擊人，不可用力，勁發於心中的意，不在於肘。

靠勁是在心態上以肩擊人，不可用力，勁發於心中的意，不在於肩。

「發於心中的意」的意思是在求用內勁，而非用外力，所謂意到勁到，不用力也就是不用身，心中求只用意而不用身，就有內勁，也就是用意不用力。

八、沾連粘隨勁

這是有如柔軟，而有沾粘性的物品一樣的勁，顧名思義，沾是將東西沾起，能沾就能連；粘是將東西粘住，能粘就能隨。太極拳由於柔軟而有內勁，成為一個沾粘體，與人接觸，就予人有被沾粘之感，在實際行動中，不丟不頂，形影不離，相隨相連，乃是陰陽相濟，令人覺得欲進不得，欲退不能，有如投入羅網，受到莫大壓力。

欲成此功，要心中不可用力，培養意氣，而能周身柔軟產生沾粘勁，意氣勁愈強，功力愈高。現今打太極拳，只打外在姿式，何能有此功？是與太極拳全無相干的。

九、聽勁

聽勁乃是一種感覺勁，以察知對手的虛實狀況，用手用眼都可以聽，俾能攻擊之。聽勁的高低，代表功夫的高低，功夫深者，聽勁極為細微靈敏，用手指輕輕一觸，即可將人發出，拳論云：「人不知我，我獨知人」，即在於聽勁。

十、懂勁

懂勁是懂得勁的性質，知道怎麼運用，主要在於運用虛實，拳論之「陰陽相濟方為懂勁」，虛實即是陰陽，「隨曲就伸」、「捨己從人」、「不丟不頂」、「沾連粘隨」、「不頂不抗」，皆是求陰陽相濟。太極拳的懂勁，在於明陰陽之理，用之於拳術，而為太極拳，所以拳論又云：「由著熟而漸悟懂勁，由懂勁而階及神明」，著熟就是陰陽相濟之理運用純熟，離陰陽之理就非太極拳，有其名而無其實。

十一、敗倒勁

敗倒非求敗，而是求勝，太極拳本於道家的思想，先聖老子曰：「反者道之動，弱者道之用」，太

極拳本於此理，以敗求勝。

太極拳功在鬆柔，運用陰陽所以能以敗取勝，由於心中求敗就能鬆柔，若斤斤於求勝，必生僵硬。例如與人對手，被迫欲倒，若斤斤求不倒，由於生僵，將真會倒。若以心中求順勢而倒之心，由於身鬆，反而不倒，以反向之心求得正面效果，以柔弱方式產生剛強作用，見證道家思想的作用。無為而有為，在整個過程中，若遇攻擊，求敗而不求勝，自會鬆柔，久練功深，人若猛力衝來，我以敗倒之心，就可將人發放出去。若言發放，我以敗倒之心，乃可求得沉著鬆淨。平時練拳，不離敗倒之心，鬆柔勁將愈練愈強。由於周身鬆柔，氣血得以和順，而有養生益壽之益。

十二、接勁

接勁是接人來力，如接丟來的東西一樣，人慢來我慢接，人快來我快接。接時須腰腿得機得勢，存承受之心，不可有頂抗之心，乃能接而後發，其中仍不離陰陽相濟，在於訓練純熟，這也是「由著熟而漸悟懂勁，由懂勁而階及神明」，好像接籃球一樣，是愈練愈佳的。若能接勁，就不懼硬力來攻。

十三、螺紋勁

螺紋勁顧名思議，是勁像螺紋一樣的旋轉，當練氣有成，以意想像氣的旋轉像螺紋一樣，由手指向上內旋，或由腳趾向上旋，日久自會產生旋轉，進而周身處處可以旋轉，全在於心神意的意想力，可用以沾粘化發，取代有形之身。

十四、鬆沉勁

鬆沉勁是太極拳的基本勁，太極拳任何其他的勁，都以鬆沉勁為基礎，有了鬆沉勁，才能產生其他的勁。

鬆是把心與身都要放鬆，不可緊張，鬆了以後才能沉；沉是感覺到身內內勁有下沉的感覺，這是鬆了以後才能有的感覺，若能沉，身一定已經鬆了，所以學太極拳即是為了學鬆沉勁，若無鬆沉勁，身必浮而無根，必會被有鬆沉勁的人所發。

十五、明勁

是以意將內勁形於肌膚，為人所能知，故為明勁。

十六、暗勁

是以意將內勁收入骨內，為人所不知，故為暗勁，拳論云：「忽隱忽現」、「人不知我，我獨知人」，都是言內勁，能運用內勁，才有具體的感覺。

十七、抖擻勁

抖擻勁是抖擻內勁，非用肢體，是由抖內勁而發出的，用以擊人，當用意一抖，即可手動而能擊人，距離甚短，也是寸勁。

十八、長勁

內勁所發之距離較長。

十九、短勁

內勁所發之距離較短。

二十、彈簧勁

在運作中，求得周身鬆柔，身體就成了一個彈簧體，若要發出，只要心中一想再求鬆柔，就可產生彈

簧勁，可將對方加於我身的硬力發出去。

二十一、滑溜勁

滑溜勁是以意帶著局部的氣勁在身內流動，令對方找不到着力點。用意吊檔縮腿可以練腿部滑溜勁，是意動腿不動。

二十二、走絲勁

一絲之力，心中想用一線之勁在身內走動，可化可發。

二十三、六合勁

意想周身各關節之勁，向內合於腰內一點，即可產生周身強大之氣勁。

二十四、包裹勁

心想自己成為一片包袱（是內在氣勁的作用），去包裹強敵，使敵無從抗拒。

二十五、拉吸勁

發人用拉回、吸回之意想發，意動形未動即可。

二十六、撕裂勁

扭動身體，意想撕裂己身筋骨，切不可用力，可產生柔勁。只是意想，實際上是撕裂不開的，久練可以增長內勁，實際上已是在打太極拳了。

二十七、鼓盪勁

心想內氣像海浪似地鼓盪，意動形未動，想像氣勁猶如海浪般席捲對方整個身軀，可將人發出。

二十八、虛無勁

用虛空周身發勁，啟動周身的內氣，然後放空周身氣勁發放。無形無象，無心無意，產生空中妙有之勁，也是無為而無不為。

第五章 | **歌訣** —— 逸雲 作

先聖老子曰：「反者道之動，弱者道之用」，太極拳本道家的思想，以不頂不抗，鬆柔不用力為拳術，棄先天本有之能不用，求後天修為之功，反乎一般世俗的觀念與認知，內容高深奧妙，著者謹將感悟所作之歌訣，列之於次，以供參考指正。

一、哪有歌

（一）

哪有招！哪有式！

氣似浮雲心似風，

掤攦擠按全皆空。

任他緩急來攻我，

陰陽相應變無窮。

變無窮，

豈容招式綁身動！

（二）

哪有手！哪有打！

渾身氣勁渾身功，

心靜神寧應彼動。

不動身來不動手，

無手便有萬千手。

萬千手，

真奧識透見神州！

（三）

哪有衝！哪有攻！

衝衝攻攻人人懂，

哪知太極不衝攻。

拳式狠猛被人用，

陰陽妙變逗英雄。

逗英雄，

英雄需在謙中求！

（四）

哪有力！哪有動！
拳術本是力與動，
怎敵靜中無力功。
心接來手量輕重，
凡塵丟盡虛抱空。
虛抱空，
空中有物空非空！

（五）

哪有頂！哪有抗！
頂抗陰陽何有生？
自閉太極玄奧門。
參透陰陽化生理，
柳暗花明又一村。
又一村，
樂趣無窮神仙境！

（六）

哪有硬！哪有僵！

硬非剛來剛非僵，

剛可寓柔硬不能。

有心求柔剛始生，

剛柔一體太極勁。

太極勁，

以硬為剛難有成！

二、對應歌

輕重緩急來打我，坦然相迎有若無。

千變萬化隨他意，若言發放笑談中。

三、本義歌

太極本是一陰陽，動靜變化心中量。

縱有千招並萬式，不明內法空自忙。

四、四忌歌

世人都曉太極好，先天習性改不了，
學來學去還是我，太極何由見得了。
世人都曉太極好，打人心態丟不了，
一心只想求打人，太極妙趣沒有了。
世人都曉太極好，抱住形式就錯了，
太極無形又無象，形式把人害慘了。
世人都曉太極好，心中用力走反了，
無力乃有太極妙，力加於人破壞了。

（仿自紅樓夢跛足道人「好了歌」）

五、神氣歌

虛無縹緲一片空，無形清氣在心中。
如浪如滔風中捲，又似浮雲戲狂風。

六、求真歌

周身骨肉非我有，何苦偏偏不肯丟。
心神意氣才是我，開合鼓盪妙無窮。

七、打手心訣

（一）

人推任人推，泰然若無事。

動必周身柔，切忌己亂動。

刻刻存機勢，發放有變無。

欲竟此中功，體空乃為本。

（二）

周身一體空，機勢在心中。

先有後求無，發放即成功。

八、太極拳好了歌

（一）

世人都曉太極好，究竟在哪不知道。

盲從瞎練當作寶，太極由是見不了。

（二）

世人都曉太極好，究竟在哪不知道。

盲從瞎練當作寶，空求白忙何時了。

（三）

世人都曉太極好，究竟在哪不知道。

盲從瞎練當作寶，太極真會不見了。

（四）

世人都曉太極好，究竟在哪不知道。

太極真功何處找，鑽研經歌就有了。

九、習拳偶感

明知是陸本非溪，何苦撒網苦待魚。

時光日日催人老，白髮蒼蒼網空空。

十、內勁頌

舒中求舒寶中寶，渾身無力力無窮。

丟卻我身方有身，能識內奧始見真。

動而不移百煉鋼，堅如金石柔若棉。

十一、推手歌

未動身先柔，等同萬兩金。

上挨用下接，令彼闖空城。

一切順彼意，致勝上上訣。

引彼入機勢，拋擊笑談中。

十二、柔勁歌

萬般皆非是，惟有柔是真。

一柔破萬招，能柔萬事成。

雖是柔棉體，堅剛在其中。

既可化人勁，又是發放功。

內藏陰陽理，更是養生本。

欲成太極功，切莫擦身過。

功夫能多高，問君柔多少。

十三、形影訣

人若用力來侵我，

接住來力順勢隨。

一旦腿腳得機勢，

隱身化風吸彼回。

「退後天之純陰，返先天之真陽，
復本來之真面目，歸自己之真性命。」

——道家

著法

| 日起有功 |

一、感悟筆記

習武首在先要修德，有了高尚的品德，始配有高超的武術，古有明訓，為人不為己，所謂行俠仗義。此乃能稱為武德。

古云：「練拳不練功，到老一場空」。功是拳術的功能與作用，練太極拳要練功，不練功是空求白練，所以到老一場空。

太極拳的功在於著法，不在外面的形式，著法是能產生功能與作用的操作方法，所以練習著法而能見到功，才是著法，不能無功可見，而空言著法。若沒有功，不可能苦練可以練出功來，其理甚明。許多人耗費了大量時光，不能練成太極拳，就是這樣的情形。著法更要符合理，能符理而能有功，才是真，所以學習太極拳是學著法而能有其功，符其理，不能空有其形，或空有著法，而無功可見，或有功而不符理。

太極拳內容高深，作用神妙，在明其內在意涵，並非在外面的姿式可以求得太極拳。從在外面姿式求太極拳，而致勤學苦練多少年，乃至數十年仍一無所成，就已具體的說明了一切。法能符理而有功，才是太極拳的核心所在。有鑑於此，謹將筆者習太極拳數十年間感

悟所得著法的筆記，不欲自秘，公諸同好，並祈不吝指正，以求拋磚引玉。

1. 以意著力於膝關節應敵，即可上柔下穩，人即難推倒我，他處放鬆，力不著於肌肉，始有大效。

2. 在動作中弓腰涵胸，然後再以意定住劍峯骨（胸骨柄）及尾閭尖，使不動不移，即全身勁柔，心中把勁力集中在這二點，周身自可放鬆了。

   周身放鬆，全心以腰勁運四肢勁，不可亂動，以增長內勁，亂動必僵。

   以我虛吸彼實，即可換勁。以我虛接敵實，敵難攻我，並可發放。

   走絲勁（絲長一尺）最佳，以一絲在身中走動，自由走，無定法。

3. 以腰調動四肢勁而已（主宰於腰）。行住坐臥，隨時可練，即是在打太極拳了。

   一動心中立即求不動，但仍在動，即是動中求靜，動靜合一，全身就無僵力，並生內勁，是太極拳的基本功，不可小視。

4. 胯縫向後一拉，意動形不動，發勁強而便捷，人不知。

先向後，再向斜後上拉，人必跳。旋肘勁大，心中想氣在肘中轉動。常練自有奇效。

若相頂時，心想以氣斂入骨內，彼自出。

---

5. 用胯縫，是心中用胯縫中一絲之力，向後拉胯，周身即生柔力。

用勁發人，可用身內一線之勁，即走絲勁，心中想用一線之勁發。

---

6. 足踏風火輪，背負泰山行，是在練拳、推手時心中的意想。在平時走路時也可想，以增強己身氣勁。

---

7. 拳不離襠（勁氣在襠內活潑轉動），襠必粘地（不能粘也要粘），全是心中的意想。

---

8. 用意不用力，以用力不用力言易明白，即雖想用力，但心中又要不用力，就只有意了。

---

9. 以呼吸脫離一切有，肉身、心理、危險、壓力，只
   要一呼吸就沒有了。

   吸如牛喘氣，呼若龍吐雲；膝提萬噸土（吸），頭
   頂千斤石（呼）（全在於意想）。久練，功非小可。

   周身不可有硬力，力求鬆柔舒暢。

10. 在運動中，求周身上下一體柔和，就已是在打太
    極拳了。

    周身不可用力，以呼吸（內）清除身上僵力，即
    可化為周身氣勁。

11. 抱虎歸山式，可作回身抱虎想。

    發勁無論用身內之點、面或絲，同樣是求勁集中在
    一處，使他處柔而無力。但必要條件，首先要接
    住對方之力。

12. 假想自己進入受威脅之境，即生氣勢。

13. 沒有一般凡俗的動的，拼鬥要拚誰身柔，不是拚
誰有力。

心想劍峯骨（胸骨柄）及尾閭尖不動，只動身；
或身不動，動劍峯骨（胸骨柄）及尾閭尖，發力
力極大，乃是真勁。

在動作中假想移柱、拔樹、碎石、掃林、合血、
散筋，以練意勁，但必須周身鬆柔不用力。

合血是意想周身血合於一點，散筋是意想將筋肉
由腰椎散至五尖（手、足、頂）。

意想兩腿放大又收小，發揮腿勁。

---

14. 不能認為太極拳是外面的一套姿式，太極拳是求
內動，能內動就已會了太極拳，也才是會了太極
拳。內動是練內勁，太極拳既是內家拳，沒有內
練內勁，何有太極拳可言！

---

15. 滑溜勁要用片狀走，不是用塊狀（滑溜是內在氣
勁流動），外有頂，內用滑溜，令人著不到力。

---

16. 滑溜勁是流動的氣勁，局部氣勁在身內滑動。

---

17. 一有相頂就用滑溜勁，外頂內滑溜。

18. 對手腿勁大又活，用滑溜勁應之，不要用一般性的動作。

    以吊襠縮腿練腿部滑溜，意動腿不動，才有滑溜。

19. 凡動非用滑溜不可，滑溜在身內，不在外形。

20. 假想以皮毛發電麻人，隨時做，不可忘，以增長內在氣勁。

    假想周身發電擊人，力才真大，全是內勁。

21. 在動作中意想將外氣從皮毛吸入我身，增強內勁。

    以腿順變（順來勢而變）因應來勢，必可化解來力，腿不可呆著不動，只用腿動，身不可亂動。

    接手甚輕極輕，而心想兩腿極用力，於是上輕下穩，敵難進攻。

    用意（不是用身）極力鼓起內勁，內氣自強，以練氣勁。

22. 心想皮毛發光，滑溜也在皮毛，於是周身全空，彼不能防。如用筋肉，即有形象，為人能防。此對強而有力者，必可竟功，有時可用腿的皮毛，吸彼之實勁為目標來發。

要練心中蹲得低、坐得下，這時就會腿痠。不能怕痠，能痠才是真，不痠乃是假。

23. 主宰於腰，是以腰勁帶動周身內勁，尤其是腿與腳的勁，不是用腰來動，若用腰來動，必上半身先僵，還何能鬆柔！

運動在身內，不可在身外，以腿與背互動，以腰來調整，就會有內勁，勁力務使沉於腳。

不忘練屈膝蹲身，身才能鬆，勁才能沉。

練鼓勁鼓氣的意，一鼓一放，就產生內呼吸，以增長內在氣勁。

24. 凡發不可用發人之心，而用將彼吸回之意，要改頭換面，重要重要，用吸，彼一定出去。

25. 將身上硬力運入腿腳，在走架時練習，功效甚大。
筋骨掛在皮毛太好了，僵力全消。
凡動，全用皮毛之力，這樣就像浮在空中，心中
把力全著在肘，身也可柔。

26. 不求有功，而求無功，也就是不求有為，而求無
為，身乃柔，若一有求功之想，身必僵。
心意著力於乾坤圈，身自下沉。乾坤圈在胸部，
好像一個救生圈似的，此全是意。

27. 明明彼樁步穩，不可動搖，我假想彼要滑坐下
跌，以扶彼之心發，以帶脈及腳之力扶彼，反能
發彼。發時要假想我腳腿也無力，難以支撐似的。
兩腿腳總是柔弱無力，難以支撐似的，反能增長
內勁。用力是外力，不用力是內勁，所以有內勁
是不用力之力之言。

28. 心中用皮毛發，同時涵胸拔背，腿力大增。
雙環（一在胸，一在胯）轉動生萬環（周身處
處），萬環由雙環生。

一定要以下蹲的方式，身才鬆柔，小腿就感到了累。

主宰於腰，是以腰扭動各關節消去僵力，化為柔勁，促使各關節結合一氣，而為周身一家。

29. 在動作中，想到動就想不要動，身仍在動，手上即有氣感，走架時都要如此，方能精進。

泥中拔腿，假想腿在泥中，慢慢拔起，才有內勁產生。

以腿拔踝，假想以腿慢慢將踝從泥中拔起，這些都是在練勁，切記要求鬆柔不用力，方能生效。

動時用活腿之外側或內側，則身又活又穩。

丟身上有感之處（即實處），用身上無感處（即虛處）。丟有感處，用無感處就對，於是周身鬆柔。

30. 要周身輕靈，就要周身不用力（在於心中），求輕靈不用力，進功快速。要輕靈，心想力著於骨，身即可柔，即是勁由骨生。

蹲矮了活腿，上面用脖子配合，身自會柔。上用

脖子下用腿，上下呼應騰空中。

---

31. 應變穩身應用腳，用變化腳中內勁因應，一舉動
先心中求周身輕靈，勁全在腳。
用腳內、身內滑溜勁互相配合。
一直將身內硬力往下運，使周身全鬆，發勁超好。

---

32. 心想我身斷裂、碎裂，乃至虛空粉碎，如此即產
生鬆柔，即生強大之勁，以我身虛空粉碎之想發
人。
以勁片（在鬆柔後意想身內之薄片）包彼之硬力，
彼毫無抗拒之能。
六合勁是意想周身各關節之勁，向內合於腰內一
點，即可發出強大之勁。
用吸彼，並碎裂吾身的意想發放，功能人。
以上均為極高級功法。

---

33. 包裹勁，心想自己成為一片包袱（是內在氣勁的
作用），去包裹強敵，敵無從抗拒。

---

34. 若要倒時，立即下蹲在小腿即可不倒，上繫於胸環。
    推手時心中做小跑步，可反應快。心做，非形做。
    平時心中做小跑步，亦可增長功力，乃是在運作意氣。

35. 意是精神面的力量，是很大的，有意而能有氣，有氣而能有勁，所謂意氣勁，乃是一體的。

36. 用挒時，是以旋轉腰胯，力出於腰胯，非出於手，使彼倒地。

37. 一想發即用退回的意，不可直發。意退身未退，勁乃大。

38. 用拉回、吸回之勁發，意動形未動即可，乃拉吸勁。
    不用中間，用身側發，單側、雙側均可，以側為刃，刀刃勁。

39. 去僵求柔一句話，分胯腿即可。在動時保持胯腿
    外分，即可柔身。

40. 在應對時，氣要走動，不可呆著等人打。
    撕裂勁，意想撕裂己身筋骨，亦可產生柔勁。只
    是意想，實際上是撕裂不開的。

41. 節節合力太厲害，遇困難心想己身骨節合而為一
    發，無堅不摧。這要在周身鬆柔的狀況下，才能
    發出勁，身若僵硬就不可能。

42. 心想將周身關節撕裂則勁大，不得了，了不得。
    只管自己想，不管別人，平時亦可常想，可增長
    勁力。

43. 把動作交給呼吸（是氣勁的內呼吸），呼吸替代
    動作。
    所謂節節貫串，並不一定是身上關節，而是身上
    感覺到的筋肉。

44. 凡動，必求腳上先站穩。

凡用，必求粘、求沾、求佔勢，全在內在氣勁，不在外形。

45. 對方愈用力，我愈柔軟，要柔軟就不可用力，才有內勁。

46. 發勁用意想在腿內拉筋，力大且便捷。

發勁全用意，完全丟脫身、力、動、形，才是正規，勁反而大，發得妙，因一用意，內勁已出。

47. 勁從骨中走力大，乃是真力，因為這樣可使周身筋肉全放鬆，全是神力。或用薄片勁亦可，不可用一般之全身勁，用關節旋扭亦大，以上三者合一更大。這些都是平時培養氣勁，用時自會用得上。

48. 愈危急我愈柔，作上跳勢，腳上就穩，可趁勢發彼。

氣勁不可光是在周身，而要在三環（頸、胸、胯），這樣身就柔，發勁甚大。

呼吸亦用三環。是以意使呼吸（內）著力於三環。

49. 以臍呼吸脫離一切壓力，一有危急即以臍呼吸，
即可解除，並可發勁。
平時常用臍呼吸，乃是胎息。

---

50. 彼加力於我身時，我心中作危急狀，以意念用腿
發力發彼身，全用意即可。

---

51. 心中只動尾閭，不動身，發出尾閭的力發放（用
想像力，也就是意）。

---

52. 以骨動骨，心中以意用周身骨推動身中任一骨，
周身骨動，以增內勁。
凡動一定要在身內動，不可走外形。力著在身中
的骨，變內形，外形在不知不覺中就自變。
化勁是用下盤化，不是自己亂動，下盤一面化，
一面也可發、可粘，如此一直在化，一直在粘，
粘化一體，予人壓力。尾閭一直前收，腰一直後
弓，胸一直涵，腰背自有拔感。
用動外形啟動內動，即心中一有動外形之想，立
即不動，而意仍在動，內形就自動，以練內勁。

53. 動不是動外形，而是動內形，呼吸（內）即是動身內。

54. 心中用手指之力，配合腰腿來動，即生彈簧勁，練彈簧勁。

55、出拳掌，心中用腰腿勁吸入自己的手。

56. 用下蹲發，但先要接住對方，只要心中一下蹲就可發，是勁動，形未動。是發彼之硬力，發勁都是發硬力，柔勁是發不出去的，若發之當心反被彈回。發柔勁要用鼓盪勁，發彼整個身體，有如海浪捲巨石似的。

57. 用意不用力，是心中只用意而不用力，是發動內勁。要徹徹底底不用力，若稍有用力之想，身必僵，就內勁全消。

58. 記住，凡應敵，只要管好自己背腰腿的互動伸縮，不管其他。以腰主宰腿及腳，再配以涵胸拔

背。在打拳走架時這樣練，就是在練推手。

59. 太極拳的法有種種，千變萬化，並非只有一種，
要自己開發研究，理只有一個。
搭手雖搭，心中要有不搭之意，方能不令人知。
若有搭意，即使再輕也會令人知，就不可能做到
自己無形無象。
手假裝用力，即用意不用力，則全身勁出，手
推，心不推。

60. 軟泥功，意想周身如軟泥，用雙手推人，己身不
但未前進，反有向後之感，此時身內即感氣勁如
軟泥般的流動。又拉人回來，己身未後反有向前
之感，身內氣勁即流動，來回反覆練，以增強己
身內勁。

61. 心想兩胯兩膝鼓勁，全身勁都集中在胯膝，則下
盤穩實，身亦即穩。

62. 本想發人，發時心中反想不發，反能發出。一想
發，隨即想不發即可。
由於直接發，是用外力，發而不發是啟動內勁，
才是發勁。

63. 遇身柔腿實者，用腳力發，用海浪鼓，用以腳跟
踩碎腳下石頭之想，或待其有侵我之意時，發之
必出。

64. 要求周身虛空，呼吸（內）動作就要不使著力到
實處，著於虛處，著於骨，著於指，均可。
心想用關竅吸皮毛之氣，以練內氣。

65. 走架以原地作勢之心，不動形，而形自動，身才
能虛空。一腿站實，周身全鬆，敵若來，即以氣
勁包之。

66. 完全忘了周身，只心想與外氣鼓盪，在走架時
練，推手時用。

67. 腿不可撐，只可垮，全在於心中想。用撐即生硬力，予人可乘之機。

68. 對敵時心中無對敵之心，身才鬆，反有對敵之功。即接敵不接，以此為基礎，再用法。

69. 以一蹲一站呼吸，蹲為吸，站為呼，呼吸著力於腳，要慢而輕鬆，持恆久練，其功非小。

70. 不敗是在反應快速，快速在於兩胯變化。
內勁在骨內走，要能順。

71. 打太極拳是調整內勁變化，非動身，而且身才能柔。
勁在骨內，運動骨節，周身全動。

72. 要打出去，反用縮回之意，力反大。
動時力求不要動，才能生巨力，還要求輕、求柔、求不用力，這樣出來的力，乃是內勁。
開而不開，合而不合，即開中寓合，合中寓開，內勁剛強，常練。

73. 走架是求操動內勁的變化，在身內調整，並不是動外形，走外形是空架子，毫無作用，不言可知。而且必然僵硬，不能鬆柔。

74. 定力萬能，儘管動，但心中有定住形架不動之想，即生定力，發人必出，全是內勁的作用。

75. 皮毛合斂，內在氣勁全發。
用兩腿勁化，彼就受到壓力。
彼力大，我只求柔，以溶化之。

76. 敵雖在前面，心反顧後面，身反能鬆柔，背靠崑崙山以為後盾，吸崑崙靈氣應敵。

77. 反向發放，推手發人，不向前發正面之人，心中反用腰向後用力衝去，是意動形未動，反能發得遠，人不知，似用腰頂後面竹桿、木棍似的。
出拳出掌，心中力求不用力，力反大，乃內勁。

78. 彼以手著我身，我不理不睬，周身處處是手，處

處可擊他，全在於心中的意想。心中動何處，何
處就是手。

___

79. 推手雖用手接，但心中是用身接，用腿接，處處
是手。若心用手接，即為人知，一為人知，彼即
可因應變化。

___

80. 不發為發，妙在以放棄發之心為發，例如，心一
想發，馬上又不發，以放棄發代發，妙！
彼大力來，我柔到底，深不見底，心中不停地隱
身脫離，放棄頂抗，沒有動，只有以呼吸（內）
脫離身，何處著力，就何處以呼吸脫離，不作頂
抗。
動中求靜，一動，心中就求不動，雖動猶靜，動
靜合一。
相頂時，心中想將尾閭尖放大，亦可發，妙！

___

81. 如何用身接？即是用襠胯接。
雙手不向外用，而是向內助襠胯勁。
指尖吸外氣向內衝，以充實身內氣勁。

___

82. 以指尖呼吸，使氣通周身，鍛鍊自身氣勁。

內呼吸需要著力於骨、指尖、尾閭尖。

有氣無力才能鬆，才是金剛體。

完全用意發，即在發時只用意想，不用身，敵已出，這是要在周身鬆柔以後，才能有效。

83. 接敵，力全集於一胯，用一胯接，才周身鬆柔。

84. 心想周身骨架，向內收合，內力全發，內力即勁。

常想，以充實內勁。

85. 皮毛一攻，周身即空。

86. 練兩臂伸也伸不出，縮也縮不進，練內力，心中要周身鬆柔無力，才有效。

心想腳上無力，這樣就有無力之力，乃是真力，乃是勁。再想周身無力更厲害，周身氣勁全發。

87. 腿中運氣，對手即感壓力，再提吸地氣至襠腿，彼更受不了。

88. 心中柔弱無力，反能功大力大，乃是內勁的作用。

89. 意在精神不在身，不在力，不求功，求無為，不
   求有為；求無功，不求有功，但求無功、無力、
   無身、無為，心存消極，而非積極，自有真功。
   在走架中，凡動都在內滾關節，在形中滾關節，
   無走形之想，平時多練，也是練功。

90. 發勁用心向前，而身未向前，以發動內勁，千萬
   不用一般發的思想。
   兩手伸不出，縮不進，促使身內有軟泥、流沙似
   的走動，以活內在氣勁。

91. 心想懶得動腿，身上氣勁反充足，這些著法平時
   要常練，才有精進。

92. 用兩胯上下走動，身不動，凡動都不是用一般的
   動，而是以胯動，帶動周身動，效果才大，但要
   周身柔軟才有實效。

93. 不可用平時一般的方式動，一動必生僵，且身浮，必以伸縮、絞扭的方式，才是打太極拳。

---

94. 拳在骨中打，人不知，而氣勁在骨中運行。

---

95. 坐著休息時，心想胯中球在轉，也是練，任何方向均可轉，或以力集中於膝、胯、肩，然後與周身關節互動，也是練。天下無難事，只怕有心人。或心想身內氣勁在上下慢慢錯動，也是練。
身內氣勁不可稍有停滯，若有停滯時，以轉球助之。

---

96. 以自己身內腰腿氣合手指氣，力大增。要常想，常練，始有大效。

---

97. 走架全是在作勢，作作勢而已，是存心求身柔的勢，有了勢就有拳，不是存心打外面形式，而有拳。

---

98. 心中隨時想身內氣勁堅如金石，流動不息，功力
　　猛進。氣勁宜通到足趾、手指。

99. 彼攻來，我心中不理不睬，不可理睬，若理睬我
　　身已僵，為人所乘。只存心迎接彼力，到我勢中，
　　化發由我。
　　接敵不接，以心接身不接，或身接心不接。
　　發敵不發，以心發身不發，或身發心不發。
　　粘敵不粘，以心粘身不粘，或身粘心不粘。

100. 腿也要鬆，用意站，不是用力站，心中懶著不
　　　站，反有力，乃是勁，心中不可求功，有求功之
　　　心，身必僵。

101. 太極拳功在作勢而已，即有似鬆非鬆、將展未展
　　　的拳味。

102. 一直在作勢，把勢作出來。太極拳是勢，故稱
　　　十三勢，有勢而有太極拳。練架時，身內陰陽二
　　　勁在勢中錯動，功在內勁錯動，不在外面形式。

身尚未動，內勁已先錯動，由此而知，走外形只有空殼。

---

103. 練架練肩、手、胸、背讓給胯、腿、腳去動，方合法。

---

104. 上下錯內勁，遇到卡住時，以圓球調和之，人推我生頂時，也以圓球來調和。圓球是身內氣勁轉動。

---

105. 將勁控制在骨中，行於骨內，或著力於點，身即可柔，人難攻我。

---

106. 身似在浮著、坐著，腳似在空中被托著，身即鬆沉。

---

107. 身上著力的地方很重要，因為哪裡著到力，哪裡就僵。要著力在骨，著力在踵，著力在胯，以保持身體的鬆柔。

---

108. 出掌打人是以騰空已身，吸彼之氣之想，己身消失於無形，並非用力打出。

動之前必先求調整身內氣勁，乃能柔順，觀念中不是求動，而是作勢。

109. 遇柔化者，順其變化，活捉彼力發之，先求自己在腳上站穩為要。

腳中也要有變化，因應不夠快，都因腳中變化跟不上。先調整腳中動，才能談其他。

打拳在觀念中不是打姿式，而是求作勢。

110. 把身騰空乃有力，因為滿身都是氣勁。

111. 動時哪裡著力就會僵，就用哪裏呼吸來消僵。

112. 陰陽點，彼以雙手壓制我左右兩邊，使我不能轉動化解，我即運用陰陽破之，即放鬆其中任何一點，使之落空，同時以另一點進而攻之，彼必出。或我以扭身轉動，令彼兩手都無著落而落空，同時以肩與胯向前攻其身，彼也必出。此全

是陰陽變異的運用。

一柔破萬招。我身被壓制受脅迫時，只要周身一柔，即可反背為順，或將彼彈出。

彼若以手掌壓我身，我心中以身發彼掌中一點，即可將彼發出。同樣也可以身發彼身內一點，彼被發出而不自知。

縮骨伸筋，縮是縮骨，伸是伸筋，心中同時做縮骨伸筋，並著力於腳跟，以鼓動內勁。

113. 先求鬆柔，才能有內勁的折疊轉換。

114. 站時心中不可用腿力來撐，而是想腿柔弱無力，使僵力化為內勁。

115. 走架心中想像不是在打拳，而是在求整個身體的變形，每一動都要上下連成一氣，才能周身鬆柔一氣。

116. 打拳不是走形式，而是求身內的折疊轉換，才是打太極拳。

117. 心想自己是一塊布，包彼來力發之。

以敗為化，必可反背為順，甚至可以發放。

無有入無間（老子語），先接住彼硬力，然後心中立即用我和順之氣，入彼之身，包彼硬力發之。

手進不去，意是進得去的。

118. 心中用敗，是最好的化，甚至可以發放，因在敗中已蓄了勁。

119. 走架是在求舒拉身中筋肉。

應敵首在腳勁先柔變，先他處而變，乃可化得順，根始穩。

120. 以身之兩側進，敵後退。

121. 彼以猛力撞來，我以敗心承接，彼必彈出。

122. 不可只身變，而腳勁未變。

123. 肘可啟動周身勁。

在上臂與小臂、大腿與小腿中，氣勁對轉以練氣。

124. 對手時，氣限在腿中走。

125. 是以身動腿，非腿自動，身乃柔，勁乃大。

126. 真正的主宰是心。

127. 動前必先調整腳中之勁，重要，重要，上用涵胸拔背配合。先動胯腿，如此，形亦已隨著自動。用自己動作，是空比形式。

128. 腳、小腿勁先轉換，周身柔和。

129. 出拳掌以意集中於拳或掌的點，並以點吸身內氣，則全身氣勁即合為一氣而出。

130. 心中以任一拳式，練意動形不動，氣勁已在身內

流動，形或將不動自動，以充沛內在氣勁，功非
同小可。此亦即以心行氣，以氣運身。

用勁不離骨，以意著力於骨，勁由骨生。

---

131. 發勁之接點只是支點，不可動，彼身是重點，再
以我腰腳為力點，心中鼓盪外氣發放，即可周身鬆
柔，用以發柔穩者。

發勁不用身，用皮毛或心中的點、線、面，同時
丟手，不用手。

---

132. 令人搆不著，著不到，自己要輕舒柔綿，順遂和
暢。

---

133. 用消極而非積極，消極中自有積極，假想自己是
一方飄巾。

---

134. 動即身內轉圈，一個或幾個。

---

135. 求虛無己身，最高，效最大。

---

136. 凡動先動腿。

彼一碰到我，我周身氣勁要全面改變，彼即落空，一定要全面改變。

---

137. 動時要注意周身關節，節節中正安舒。

---

138. 切不可自己動，凡動只可用著法來動，若自己一動，一切都亂了，功能全無，乃是亂動。

勁全在骨中走，收歛入骨，人不知我。

---

139. 凡動都不是用一般方式來動，乃是亂動，全無作用。切記！切記！

---

140. 用脫離我身，丟去我身，也是發。妙！

---

141. 發時用脫離我身，放棄能力，脫離自己，脫離感覺之想，全在用神發。

---

142. 打拳用變身形，變身形成招。用手比外面的招式，是一個毫無意義的形式。

---

143. 發勁用身形，用而不用，乃是真用，全是神行。

144. 心中用膝使力則身柔，心想周身力全集於膝。

145. 心想將踝、踵縮至腰，發人輕妙，先要接妥才能
生效。

146. 心想以尾閭之力擊人，力大，乃是內勁。

147. 妙在一氣分陰陽，身中虛實一定要用意識分清，
分為陰陽，變動不居。雖分陰陽，實屬一氣。

148. 只能作勢變內形（內在虛實），動外形都是亂
動。

149. 要深入明白虛實。實際使用的是實，為人所知；
未使用的是虛，為人所不知。

150. 接敵接到全空，完全不頂，乃是最高境界，即拳
論云：「一羽不能加，蠅蟲不能落」。

151. 練用腳向上跳（腳不離地），既練腳勁，又練身，但非以慢而鬆柔不用力不可，心靜神寧。以意將內勁一收一放即內呼吸，一定要輕鬆自然。太極拳任何動作都要求輕鬆自然，若亂用力，當心產生危害。

152. 一動隨即不動，即生內勁。

153. 神針穿空發勁妙極，己身完全空鬆後，接上敵勁，心想己身神針，飛向敵身，即可發，也可稱之為飛針穿空針。
細絲勁厲害，滿身細絲上下流，虛實變化妙無窮。

154. 勁必起於踵，不可亂起，亂起即生僵力。

155. 凡動，必先著力於腰內中心處而動，乃能周身柔軟，產生內勁。法有種種，並非只一動，要自己找出來。若用腰轉，兩肩必僵，用自己本有方法也僵，乃是亂動。所以有著法，知著法，才是知

了太極拳。

不是一般動，而是著力於身內，啟動內勁。

156. 走架完全不可用原方式動外面拳式，若動必僵，永無太極拳，是尚未知太極拳。要學啟動內勁來動，推手時亦同。

157. 雖用食指發人，勁實是出於周身。

158. 練骨動而身動，身即柔綿，內勁強，勁由骨生。

159. 以意收放內勁，即內呼吸，氣勁自增，而可忽隱忽顯。

160. 內勁如孫悟空，變化無窮。

161. 以腿氣動身氣，以身氣動腿氣，活動內氣。

162. 身內一氣分陰陽，互相吸引鼓盪，乃是鼓盪內氣。

163. 不用動身化，用皮毛攻，筋骨鬆，內已藏化勁。

164. 練周身勁上下錯動，活內勁，而有折疊轉換。

165. 發勁以腳用力，摧彼力之根。

166. 以踵呼吸，帶動周身氣動，氣順又大，這已是太極拳了。真人之息以踵。

167. 發勁以不用己身，反是拋棄己身，力反大，乃是用意不用身，全是神力。

168. 以檔胯呼吸，發放來力。

169. 動必呼吸（內），以動帶動呼吸，以呼吸產生內動（內形）。

170. 走架呼吸換勁，心想與天地氣互動。
    動時必先停住，鬆身後再動，鬆柔乃可綿綿不斷。

171. 走架在身內抽絲，必連至踵與指。

172. 發勁要勁不出身，是強化內勁，不是將勁發出
去，發向彼身。
走架，乃內勁流變，要背膝相連，以為氣之根。
發勁必以把彼吸回之心，方能身柔樁穩。

173. 足上常鼓足內勁。

174. 全用呼吸（內）就可不動身，身自可柔。呼吸時
背與膝足相連，以使氣有根，達於手指。

175. 只動身內骨節，不動身，身自動。

176. 不可只求動而不求靜，只求動，身必浮。要動中
求靜，即一有動意，心中隨即有不動之意。

177. 心中將周身力集於腿，身自柔。

178. 發力時不把力發出，心中反把力收回，力反大。

179. 記住，發勁是把所蓄的勁放掉，不是用發出，也是發。所以言發勁為發放，對敵要心攻，身不攻。

180. 身愈柔，勁愈出。發勁是用放，不是用發，心中一放鬆就可出。
發勁動中求定，用定力發出。

181. 彼不斷變化攻來，我以內勁走圈來化，最靈快。

182. 不是動，以呼吸（內）取代動，呼吸不能停，如鳥頻頻飛行似的。蓄勁用吊襠吸氣，氣在襠中轉動，勢猛。
心中想將各關節放空，周身氣充，身極柔軟。

183. 進用壓襠之力，退用吊襠之力，並非一般性的動。
既肌體不用，即以呼吸（內）代之，一有動靜，或呼或吸取而代之。

184. 發勁一發（動）即靜，勁奇大，由於產生了定力。

185. 不呼之呼，不吸之吸，妙！即身呼心不呼，身吸心不吸，必求輕，慢，自然，舒暢。

186. 在走架中，身動心求靜（不動），動中求靜，動靜合一，純正太極功。

187. 心中把足踝、足背全鬆開，重要，重要，周身柔勁出。
練心中以踝力來跳，功非小可，以意守百會配合，意動身不動。

188. 粘人要周身舒暢，我愈舒暢，彼就愈不舒暢。

189. 以指頭呼吸，鼓動周身內勁，兩相互動，練。

190. 頂抗外力，以意將力集於腰中一個點，或腰圈，很實用。

191. 勁在身內不可呆，要活潑流動。

192. 主宰於腰，發於腿，用腰發動胯，是最佳的用腿方式。

193. 用身體倒的方式拉筋，練柔身，腳有站穩之心，也是一種運動。

194. 檔、胯、腰不離地，不可離地，與地互相拉拔，全在意，以求不浮、不敗、不倒，強力來時，可將之彈出，非身柔不可。

195. 以意將力集於胯頂，以應強敵，可以胯頂呼吸。

196. 下盤（檔、胯、腰）不離地，功極大，周身要舒暢自然。

197. 彼以俗心推我，我以道心不推應之，意集於身內一點，心求心靜身柔，吸之化之，逢頂到時，心想己身僵處虛空粉碎發放（求舒即可），彼必出。

層次不同，格局不同，感受不同。

198. 下盤不離地，配以涵胸拔背。
動的目的在求身的清虛，動的過程中遇僵即消之，消僵就是發放之力。

199. 身要柔，著力點是關鍵，將著力點放鬆，身就柔，不可有僵而不消。

200. 彼力在我身上時，心一想以身內一個點（無極點）發之，彼即出，處處可用。但必須周身鬆柔才可以。

201. 身作怪身狀身乃柔，即有拳味，以一般性的站立，身是鬆不開的。凡動都要用規矩動，否則是亂動，規矩就是著法。

202. 要動若心中即作怪狀姿式，即可有機有勢，周身鬆柔，即已在打太極拳了。
身中意集一點，周身即柔。

203. 一動即作怪姿式，即怪即柔，下盤要穩實活潑。

204. 勁要留在身內，全不外洩。

205. 以意著力於腿，以腿呼吸，很實用。

206. 一舒解萬困，心中一求舒，萬困全消，以怪求舒
破萬招，心中一發彼即出。怪是作怪狀姿式，
腳中勁也要求活動變化。

207. 心轉檔中無極點，一轉即生太極，周身氣勁亦
動，功非小可，全是用心神意轉。
接敵不接，推手不推，全以舒身應之。

208. 做任何動作，力求勁集中於腿，乃可身柔腿穩。

209. 發勁不是將力加之於人，而是在自身，發出身內
之勁將人發出，有如張弓放箭，己身是弓，人是
箭，己身勁愈大，發人愈遠。進一步言，不是發
出身內之勁，而是放空身內之勁，以騰空內力來
發。

全身力集於一腿，則上身空鬆，不懼來人，即三虛包一實（另一腿及兩臂都鬆，乃為三虛）。以呼吸（內）消失自身，令人無從知我，呼而不呼（一呼即不呼），吸而不吸（一吸即不吸），實仍在呼吸，要輕微，不可用力。

210. 運動全交給呼吸（內），一有動靜，即以呼吸應之。
充實腿中氣，勁隨時準備攻擊，不懼來者。

211. 內在氣勁在身內迴旋流動運行，極靈活，不可呆滯成塊狀，局部流動即可，在皮毛、在骨內均可運行，各有不同作用。

212. 消去本身先天本有之能最厲害，乃太極拳之本。

213. 無論在何處呼吸（內），都是意的作用，由意產生。

214. 靜功，一有動意，立即求靜，功甚大，即用以消去本有之能。

215. 怪身即可柔身，身要柔，神要攻，不怪不成拳，
　　　心中學動物。

216. 氣不可亂走，要著力於胯、踵等處。
　　　一動即求靜，消失自己學動物。

217. 意想將力壓縮於關節中，內在氣勁堅剛。
　　　心中消失力就是力，即是內勁，乃神力，全是神
　　　的力量，非身的力量。心中用的全是神。

218. 要學垮，身垮心不垮，周身處處垮，以練柔身。
　　　求柔弱而非求堅剛，乃可有堅剛。

219. 腕點，以腕中一點接腰胯，力奇大，很好用。周
　　　身氣勁充沛。

220. 努力以意用腿，以腿呼吸。

221. 腕點，腕點，腕點，腕中點。

222. 心想消失自己身即鬆，怪身柔腳周身柔，是鬆柔佳法。

223. 發勁出力用腳跟好像在輕輕喘氣，周身即柔，而能產生周身之勁。若用上身，身必僵。

224. 走架是變整個身形，是用腰胯來變，切不可以一般性的動作比樣子，這是比姿勢形式，全無太極拳可言。

225. 走架必以腰胯腳變身形，心中隱實就虛，形自變。

226. 應敵要用腿來變化。

227. 動即先鬆身，輕輕喘口氣深長至踵，即可用呼吸動，是內呼吸。平時常練以充實內氣，無須有任何形式，有動即可，功非小可。

228. 鼓起骨動，以骨呼吸，身自能柔中帶剛。

229. 以皮毛吸內外氣呼吸，都是練氣勁。
　　拳形姿式必以腰胯腳變化，用自己方式是空比，
　　只是在變姿式。

230. 內氣集於臀及大腿，然後再動（動腰腿腳）。

231. 分檔胯產生腿力，發勁大。

232. 氣勁不斷下沉，只有沉，不可浮。

233. 動一定要有陰陽，例如有伸，同時也要有縮，伸
　　中寓縮，才有內勁。

234. 發勁用虛空周身之想，即生周身勁。

235. 彼力再大，我不接彼力，彼又奈我何！

236、騰空己身力乃大，乃真力，即勁。

237、出拳心中用肘不動之心，周身力出。

238. 全以神發，身未動，腰胯腿站穩後，以不要讓彼丟出去，將彼吸回之心，即可發。此時己身全空，即是用空身發，可以自己常練。

239. 玄與假不同，玄是有事實的存在，而人不知；假是不切實際的空妄之事。

240. 彼以力加我，我內勁整體轉，鑽彼之虛，化彼之實，後發先至。

241. 凡動不是動外面形式，而是向內變化內勁，才是太極拳。用自己方式動形式，必不能鬆，乃是亂動，必將空求白練。

242. 以調整腿與腳中內勁來穩身，在走架中訓練。

243. 出掌（拳）將全身勁轉一個關節，全身勁出。

244. 腳腿似在輕輕喘氣，活腿腳中氣，以強下盤。

245. 在腿腳中拉筋，活腿腳勁。只要以意動內，全是在練。

246. 要身柔，就不可自己亂動，亂動必僵。動時著力到哪裡，心中就要丟哪裡。動哪丟哪，即可柔。

247. 行住坐臥間，心想氣勁在身內轉圈，不只一個，可有多個。身處危險之處，不可做，以免有危險。

248. 努力以意在身內轉圈圈，以產生內勁。

249. 以坐也坐不下，站也站不起之心，可練內勁。

250. 手微動，立即不動，即產生內勁。
對來力絕不用力來撐或頂，只用柔身承接。

251. 心中轉動周身各關節，拳掌自出，乃神力（氣勁充沛才能）。

252. 心中求周身塌陷，即產生鬆沉勁。

253、勁由腳中走（調整），人不知，而且勁強。

勁在骨中走，順彼勁而動。

254. 動必落，在走架中不是落襠落胯，就是落肩、落背，以練柔身。

動必身內轉圈（眾多圈），以求周身靈活。

255. 扯動身內不活之筋，以使活。要柔和，不可用力扯。

256. 太極拳不是求使用身，而是丟去身，方能鬆柔，化為內勁。

257. 打太極拳不可稍有自動，一動即僵。未動先鬆身，鬆柔以後再動，就可不僵。

周身柔軟，不用胸部呼吸，自可有丹田呼吸。

258. 有動就要有靜（不動）之心，動中求靜，動靜合一，而生內勁。

259. 動必求柔，不柔全都錯。

260. 轉動腳底勁，彼必出，彼不知勁從何處來，此在接住彼力時始可。

261. 是放勁，非發勁，無論放開何處之勁，彼即出。

262. 動一定是調整內勁，不是動外形，外形是因有內動而有外動，動外形身必僵，還何能談成功太極拳！接敵不接，實際仍在接，是手接，心不接。

263. 動不是動外，而是調整內部，化僵為柔，要有實際調動做出來，才是真。

264. 心中用隱身脫離來發，如此反生內勁。

265. 腿勁很重要，心想腳四平八穩站在濕滑的地上。

266. 轉動手指及足趾，以啟發周身內氣。
放空，以放空兩臂發，放空周身是周身勁。

267. 心中想轉身內一點時，就已在練周身勁了，轉時

心想要將氣連到指尖、趾尖、尾閭尖及崑崙頂，
要持恆久練。

268. 太極拳的動，非一般的動，用一般的動，身必
　　僵，走到太極拳的隔壁去了，太極拳的奧秘全
　　在動中。

269. 心想用力而毫無力可用是剛，是太極拳所要練的
　　東西。

270. 一切求身內變動乃是真動，先要求周身柔軟，才
　　能有內動。

271. 周身空鬆了，人還哪裡能找到我身上焦點！

272. 只動腰胯腿腳就是。

273. 每一動都要將氣勁繞過腳，腳才有根。
　　人都必求勝，哪知求敗方能勝！彼要我怎麼敗，
　　我就怎麼敗，敗中藏勝，要深研其中的道理。

274. 走架者，是自己在揉自己，心求形式就只練形式。

275. 氣圈在身內轉動，周身都是氣圈。

276. 以腰胯腳之勁，連脊骨、手指而動，以揉己身，愈揉身愈柔，但必求舒暢自然。

277. 動就是周身氣勁的迴旋，非動外形，才是精進。

278. 腿腳站穩，心想關節都內合就可發，當然先要拿準。

279. 要鬆身，站立的姿勢先要能鬆。

280. 揉自己，以一腿站才能順。

281. 欲抗人推我，不可用用力的方式，而是想要用大力，卻使不出。心在胸環，不用己身，用哪丟哪，用腿丟腿（不用），用手丟手，這是發動內

勁。雖在頂抗，卻是用不頂抗之心，人反推不動，乃符陰陽相濟的原則。彼用力我不用，彼推我，我不推，而是承接。

保持檔腿攻擊之心，令彼不敢冒進。

自己扭絞自己的四肢身體，是練功（要輕柔舒暢）。

---

282. 我不頂不抗，沒有攻擊之心，沒有柔不下的，一有必生僵硬。

脅迫敵人要用「須認真」，這樣精神就會出來了，周身內勁才出，不是用手腳加力於人。

丟腿力反強，乃內勁，迎敵無處不是柔。

---

283. 化時不能只化一處，而是要用周身處處一起化（動），求己身的中正安舒。

緊要時，心中要有拼鬥之心，但不拼鬥。只用神而不用身，即是「須認真」。

---

284. 有拼鬥之心時，氣要貼腰背，全部向後吸到腰背，正面全空，令人不知。

---

285. 洗骨洗腿，拼鬥時以氣在骨與腿運走，氣勢就強。

286. 心中扭絞四肢，扭絞周身骨節，練功。不可用力。

287. 是放了周身力，不是用周身力，放了以後就生勁。

288. 心中假想在鑽牆透壁，練意。

289. 審查自己對錯，柔就對，不柔就是不對。

290. 走架全求內動，非求外動，才是練。

291. 在走架中，用運動消去身上僵力。

292. 柔拉筋，筋長乃能柔。

293. 胯要開得大，活得靈，出拳掌用周身氣，吸彼周身氣，此時拳掌自出，全用氣打，或以擰轉四肢

骨節打出，總之，不是用自己方式打出去。

294、推手時，氣留腿腳轉，立身穩實。

295. 推手必求襠胯的力與穩，柔與活。以涵胸拔背
（鬆胸鬆背），將上勁下運至胯、腿、腳，以穩
下盤，使活潑靈變，因應外力。

296. 接敵心中是用身接，非用手接，人不知。但必須
周身鬆柔。

297. 練拳不是只管運氣，而是心中要有應對化發之
心，才有靈魂。

298. 變化周身筋骨，已是打了一套拳。

299. 一有接手，即求化中找打。

二、太極拳要訣

1、扭動周身骨節，務求鬆柔舒暢，不可用力。

2、求身內筋肉的摺疊轉換，務求鬆柔舒暢，不可用
力。

3、腰胯互扭，以求上半身及下半身筋肉、骨節相互
配合扭動，日久可產生內在氣勁，但務求鬆柔舒
暢，不可用力，以免產生危害。

4、一切的動絕對都不是一般性的肢體動作，全部都
是以腰胯帶動內在運作，都要這樣的動，絕對不
是一般性的動，才不至於空有形式。

5、扯開關節，要動先求柔，以強化關節。

6、初習內勁，在動作中先專心求柔軟身體，太極拳
功在柔軟，不在外形。

7、太極拳本是修心養性的拳術，是道家的修為功
　　夫，是從修心養性中修練出來的拳術，所以既是拳
　　術，又是修心養性之功。

8、不是原動，原路不發、原形不變、原力不用、原
　　點不動，乃是發勁的基本原則。

9、扭動內勁要能動到手指頭、腳趾頭，統統要到。
　　此皆為內功，方為太極拳。

10、腰腳互動，把動的力量壓縮在腰腳之間，以腰來
　　　動腳，而非自身亂動。

11、腰腳動時，一點都不要扯到上半身。上半身只可
　　　連到背，或脊骨，否則即生僵硬。

12、動哪卡哪，此時即產生摺疊轉換，而有內勁。

13、只是骨節扭轉，意識上非動外形，外形雖動，但
　　　心中仍求不動，乃動中求靜。

14、一切動作全部都是為了求內動，全都是動裡面，絕對不是外面。外面雖動，但心中求不動，身體才能鬆柔，而有內勁。

15、不能鬆柔，由於以外家拳的觀念，操作外在姿式，這是不可能鬆柔的，必一動即僵，即可證明有無太極拳。

16、啟動內勁。在動作中，要動，心中馬上求不動，實仍在動，乃動中求靜，動靜合一，即有內勁產生，以求練出內勁來。這才是真正以內勁為體的練法，乃可柔中有剛，剛中有柔，成為太極勁。

17、拳套式是在你身體裡面。

18、腿力要培養出來，周身重力全落在腿。但心中仍求腿不用力，乃有內勁。

19、做摺疊轉換只要先鬆開後再動，就有折疊轉換的感覺，也才能有不用力所產生的能量，乃是剛，

才真是我們所要追求的內勁。

20、用意念去伸縮轉動內勁，讓自己內勁成長。

21、在周身鬆柔的狀況下，一想周身發光即可發人。
想到腳底發光，力量更大，此實是勁的作用，而
非力。一定要周身鬆柔，才能有作用。

22、先接住對方之力，心想用手發，隨即心中馬上改
為不用手發，即可產生周身勁，可發人於不知不
覺之間，全在心意中完成，不在外形。

23、發勁是把身體內的勁發出來，不是把力發到對手
的身上去。

24、練讓身體變化柔軟，乃是練體，而有內勁，是練
太極拳的根本所在。

25、彼若攻我，我不理不睬他，是讓對方來力消失於
無形。

26、要動馬上不動，是在意識之中完成，不在外面形態。外形雖在動，但內已含內勁。

27、「不理不睬不管他，心中隱藏發彼勢」，這才是真功夫。

28、用仙骨合兩個胯去動腿、動腳，牽動周身骨節，就是不可自動身體，乃是練內勁。

29、要快，馬上慢，身體及意念都是如此，即可由外動化為內動。

30、勁能愈低愈好，從腰背，下到腿，下到腳，周身全空。

31、抽筋拔骨，即是鍛鍊內勁。

32、人若推我，我身體作柔軟即是化，再一作柔軟即可發。

33、功夫在柔軟。

34、腳上站得穩，身體鬆得透，要刻刻保持。

35、無法就是法，是心中沒有用法，仍能有功效產生，乃是元神的作用，不是識神。是無為而有為，亦是空中妙有。

36、追彼頂硬處發之。

37、作內動。

38、與彼兩力相頂時，用我虛之一處發，或用實處吸彼發。

39、想要粘人，自己必先能是個沾粘體，然後才能粘。粘時，吸彼身中之力。

40、粘人是己身先要有沾粘勁，方能粘。己身無沾粘勁，何能粘人？

41、隱身化風要常練，以求增長功勁。

42、平時練以腰、胯、腿的扭動產生腳中之勁，以備化、發之用。

43、彼以巨力推發我，我以腰胯腿使出腳中之力反發他，乃彈簧力，但己身必要鬆柔才可。

44、推手時先求己身意氣充實，愈強愈好，平時就要練，隨時練。

45、推手時用腰腳來動，絕不可自動，自動必僵，乃亂動。

46、在運動中，心中求身動形不動，以練內勁，相當於動即不動，動哪卡哪，動靜合一。

47、彼若犯我，我以隱身縮腿之勁發，或以隱身縮腿吸彼回發。

48、化彼來力，以腰配合腿來動的方式應對，切不可自己亂動。

49、心中以身動腳，使出腳中之力來應對或發放

50、求柔為本，在運動中，心中全心在求周身鬆柔，才能精進。心求外形一定僵。

51、苦於不能鬆柔，由於求動形就僵，求內動身就能柔。求快即生僵，求慢即可柔。求用力即僵，求不用力即可柔。一是用外力，一是用內勁。

52、在走架時要自覺兩腿柔而無力，以培養周身彈簧勁。

53、無論對手硬還是柔，以皮毛啟動腳勁吸彼回，均可發出。

54、以呼吸替代動，一動即改用呼吸來替代，是用內氣的內呼吸，非口鼻呼吸。

55、發人時，將用力處放鬆來發乃妙，乃彈簧勁。

三、太極拳答問

一問：何為太極拳？

【答】：太極拳是取法太極陰陽，動靜剛柔變易的自然法則，用之於拳術，由於理本於太極而為太極拳。此理在王宗岳氏拳論中有詳盡的論述。

二問：太極拳是不是就是拳架姿式？

【答】：太極拳乃內家拳，不同於外家拳。外家拳因為用力，可以使用拳招姿式。太極拳不可用力，作用完全不在外面姿式，並非在外面姿式求太極拳，而是求內練之功，故為內家拳。既不用力，外面姿式全無作用應是可以想見的。

由於難為人知，在外面姿式求太極拳，以致空有形式，所以各家先輩宗師無不都有提示，太極拳不在外面姿式。

三問：太極拳不用力，何能有作用？

【答】：太極拳是內家拳，不用力是求內勁，乃內練之功，有內練之功乃有太極拳。內勁與外力是對等的存在的。所以古拳譜云：「有力則無氣，有氣則無力，無力則純剛」，功深以後內勁乃是氣，言有了力就無內勁，有了內勁就無力，完全沒有了力，完全是內勁，乃是純剛，由於愈不用力，而能愈柔軟，內勁愈強，所以有「極柔軟，然後能極堅剛」之言。

四問：太極拳是拳術，為何要慢？

【答】：慢實乃太極拳的至寶。太極拳是內練之功，慢由於是運作心神意氣勁，乃是太極拳的本體。十三勢歌云：「若言體用何為準？意氣君來骨肉臣」，有意必有心與神，意者實是心神意，運作愈慢，心愈靜，神愈敏，意愈專，以利氣與勁的運作。形之於外面的形，自將緩慢。一當有動靜，反應卻十分敏捷，如水中之魚，雖是緩慢，但若欲觸之，迅即不見，其慢又何能是慢！太極拳神動氣動，氣動勁動，其快迅遠勝於一般性的動作，雖慢實快。

五問：太極拳為何久練難成，有十年不出門之言？

【答】：太極拳並非難學，久練難成，由於對太極拳的認知不明，沒有真正的練到太極拳，偏離了方向，失去了本體。往往認為在正確的練，實全無太極拳，而難以自知，以致勤學苦練，仍是一片茫然。更有受了先入為主的觀念的影響，認為自己下的功夫還不夠，以為只要繼續苦練便能成，如此何止只是十年不出門，恐怕三十、五十年還是出不了門！不乏雖勤學苦練，終至終其身難以得見太極拳，自古以來令人浩歎。先輩向愷然氏云：「余久悲此道之無正知見也」，又歎云：「嗚呼！先賢悲憫之言，如聞其聲矣」！

太極拳有經論歌訣，若非經論歌訣所言，顯非太極拳。經論歌訣難明，所以太極拳要有傳授與學習。正如數學物理書本一樣，要有教導始能明白。主要經論歌訣有「拳論」、「拳經」、「十三勢行功心解」、「十三勢歌」、「打手歌」，以及「真義歌」，此在一般太極拳書中都有刊載，如能真正學習，可一年築基，三年有成。所謂十年不出門，並不

是學了十年還學不成，而是恐出手傷到人，不隨便與人相較。

六問：太極拳的表徵若何？

【答】：一是不頂不抗，理本太極。二是太極拳不在外形姿式，比姿式就無太極拳。三不可用力，用力非太極。四鬆柔不僵硬。五非一般性的肢體動作。六不可動手，動手非太極。七太極拳是拳，只有架式而不知推手，是空架，遠非太極拳。八法要有作用，空有其法而無作用，就非其法。太極拳有法，要立見其作用。九太極拳以鬆柔為本，若一用法即生僵硬，就非其法，必將枉費功夫。表徵很多，以上是舉例而言。

七問：如何才能真正得太極拳？

【答】：在於傳授。要得真傳，自己先要真正認識太極拳。首在要辨明外家拳與內家拳的不同。外家拳用力，太極拳不可用力，二者在觀念上不但不同，更是相反。外家拳用力是運用外在肢體動作，太極拳不用力是求內練之功，完全不在外面姿式。所以先輩

楊澄甫氏云：「弗惟外之是鶩，而惟內之是求」。

八問：不同門派是否是不同的太極拳？

【答】：太極拳都是一樣的，只有一種。太極拳理本於太極，太極陰陽變易之理只有一個，所以太極拳只有一種。

九問：太極拳架式，為何有不同的樣式？不同樣式是否是不同的太極拳？

【答】：太極拳根本不在外形姿式的樣式，不會因為樣式的不同，而有不同的太極拳。外形雖有不同，內在理法氣勁都是一樣的。外在形式正如穿的衣服一樣，無關乎人的本身。經歌先輩宗師，無不都言太極拳不在外形姿式。

十問：既不在外面姿式，為何又有拳架姿式？

【答】：外家拳用力，是使用外在姿式。太極拳不用力，是內練之功。外面架式是初學的工具，初學要有外在姿式，才能進行內練。功深以後有了氣勁，

外在形式是由內在氣勁所產生，所以先輩陳鑫氏云：
「外之所形，莫非內之所發」。

十一問：內練之功如何求得？

【答】：要有傳授。未得傳授前可求慢而不用
力，也就是鬆柔。在打拳時，心中不可求外面形式，
若求外面姿式，必定一動就僵。只求慢而不用力，即
有氣感產生，久練亦可有氣勁之用。若一味以外在姿
式為訴求，甚至還有使用外在姿式之想，氣感立刻消
失，乃是錯以外家拳的觀念思考太極拳。由是既無外
家拳，也無太極拳，所以久練無功，即使是拳術，也
無關太極拳。

十二問：如何能知打太極拳的對錯？

【答】：太極拳既求鬆柔，不能鬆柔就是錯的
訊號。太極拳一切的法，主要為求鬆柔，若有了法不
能鬆柔反生僵硬，就非其法，永不可能有太極拳。又
太極拳並非外面姿式，若求外面姿式，顯然已非太極
拳。太極拳既不在外面姿式，而運用方法，硬比外面
姿式，由是既是求外形姿式，又周身僵硬，完全不符

太極拳的要求，而致枉費功夫，乃是誤以外家拳的觀念思考太極拳。

十三問：如何能成為太極拳高手？

【答】：太極拳不在學得如何之高，如何之好，而在於是非有無，能是始能言高與好，而且一定可以高、可以好。若非太極拳，就完全失去了學習的意義。

十四問：學成太極拳一定要很長的時間？

【答】：並非一定要很長的時間，而是在於有無。久學難成，由於雖認為是太極拳，而實無太極拳。若是太極拳，成功也是很快的，一年築基，三年有成，爾後愈練愈精。久練無成，由於非太極拳。十三勢歌云：「勢勢存心揆用意，得來不覺費工夫」，揆用意就是要求練得對。可見只要練得對，得太極拳也是很快的，不覺費工夫。

十五問：學太極拳可否只練拳架姿式而不明推手？

【答】：不可。

太極拳是拳術，真正的本體與核心意義是拳，雖有外面姿式，心中所練全是求拳術的作用，即是所謂的著法。著法是心中運作的方法，亦即求拳術作用的動作與方法，所以可以一年築基，三年有成，爾後愈練愈精，並非以一般性的動作方式比外面的形式。若如此就只是一個形狀姿式，而太極拳又不在外面姿式，所以一無所有。

太極拳可只學推手，而不學拳架姿式，不可只有拳架姿式而不知推手。如果心中求的是外面形式，就與太極拳完全無關。十三勢歌云：「勢勢存心揆用意，得來不覺費工夫」，意就是心中的「著法」。

十六問：何為名師與明師？

【答】：明師是明太極拳的老師，名師是有大名氣的老師。名師也可能是明師，並非是名師就不能是明師。但若是名師而非明師，其對太極拳的影響之大不言可知。明師常隱而不見，所以有名師易得，明師

難求之言。由於恐學者無恆，因其所言都是珍寶，不肯輕傳，所以難求。

十七問、太極拳本體為何？

【答】：太極拳的本體是意氣，非有形的身體，十三勢歌云：「若言（太極拳）體用何為準？意氣君來骨肉臣」，氣是先天的內氣，由意所啟動與運用，所以稱意氣，常人雖有內氣，但不知內氣的存在，練功者可運行與使用內氣，所謂意到氣到，氣到勁到。

太極拳要求不用力，即是求不用有形的身體。初學者不知意氣，可先求慢而不用力，以求鬆柔，能鬆柔即有氣感，久練亦可有意氣之用。

十八問、何謂體用？

【答】：氣是體，是工具，以意運行氣，做陰陽虛實的變化，乃是用，所謂以心行氣，以氣運身。

十九問、何謂虛實？

【答】：人體在運動中，並非整個身體都在使用，而只是使用局部，在實際使用的部份乃是實，未

使用的部份乃是虛。虛實即是陰陽，乃太極拳的基礎，有虛實乃是太極拳，所以太極拳可以稱為虛實拳，也可以稱為陰陽拳。

在實際的運用，一人打拳，就要注意到周身的虛實，要分清楚。兩人推手，實際使用，相互知道的部份乃是實，未使用為人不知的部份乃是虛，虛實變化無窮，乃是陰陽變化無窮，拳論云：「人不知我，我獨知人，英雄所向無敵，蓋皆由此而及也」，即言知虛實。功深者，徹底鬆柔，全身透空，無從得知其虛實，所向無敵皆由於此。

二十問、拳架姿式如何運作？

【答】：拳架姿式乃是運作心中的著法，以求實際的作用，也就是功，作用不在外面姿式，並非比外面的姿式可以求到功，比外面姿式是比形狀姿式，全無太極拳可言，與太極拳全無相干，從雖有形式全無作用就可知道，先輩楊澄甫氏云：「非取形似，必求意合」即是言此，類此之言不勝枚舉，「意合」就是著法要符合要求，而能產生作用。

二十一問、如何知太極拳打得對錯？

【答】：在於是否有著法，著法是否真正能產生作用，所謂「練拳不練功，到老一場空」，太極拳的著法，功是立竿見影可見的，有了作用才是真正的學習，必然可以天天練，天天在進步。法的目的本是為了求作用，沒有作用，目的與意義何在？永不可能有作用應是可以想見的，並非苦練可以練出功來。從天天練天天都一樣，三十、五十年也是一樣，就可以證明。太極拳能夠意合，進步是很快的，十三勢歌云：「勢勢存心揆用意，得來不覺費工夫」，揆用意就是求意合。

二十二問、如何能求得鬆柔？

【答】：要知著法，能知著法方能鬆柔，太極拳的法主要是為了求鬆柔，如果用了法反生僵硬，顯然非其法，永無太極拳是可以想見的。

要求鬆柔，心理上先需求輕、慢、不用力，心中求著法而非比外面形式，從一比形式就生僵硬就可知道，何年何月才能有太極拳？乃是背道而馳。

在運作上，要求沉肩、墜肘、涵胸、拔背、鬆腰、坐胯、以及虛領頂勁，這些都是求鬆身之法，是鬆開後的一種感覺，並非刻意在形式上去求，如肩鬆了就有下沉的感覺，餘可類推。虛領頂勁，是以意輕輕將頂勁領起，以求頭頸部的鬆，如果在打拳中，力求此感覺，功亦非同小可。

二十三問、尾閭中正是不是將脊骨打直，有如筆桿一樣？

【答】：尾閭中正是立身的關鍵所在，尾閭是脊椎骨最末端的一段，位於仙骨之下方，人在站立時，是尾閭後翹，腰椎前挺，整個脊骨呈前後彎曲狀，為使脊骨能直，以利運作，太極拳要求尾閭前收，即是使中正，所以尾閭中正亦稱尾閭前收，要使尾閭前收，可將腰椎向後弓起，即可隨而前收，脊骨也自然伸直，以利周身鬆柔，上下一家。

如為了求尾閭中正，將整個脊骨打直，以致整個脊骨僵直，連帶使開襠、坐胯、涵胸、拔背，一概全無，周身呈僵直狀，想要鬆柔已不可能，永無可能學成太極拳。所以被人一打，就蹦蹦的跳出去。

二十四問、太極拳的腳要如何踩地？

【答】：自然舒暢，站立得安穩即可。能舒適安穩，任何樣式都可，若專心拘泥於一定要如何踩，作用何在？既無作用，也無此必要。

二十五問、著法是甚麼？

【答】：太極拳全是著法，著法是打的方法，學太極拳是學著法，以求其功，並不是用一般的動作方式，比外面的形式而有太極拳。論經所言全是著法，拳經云：「凡此皆是意，不在外面」，先輩楊澄甫氏云：「非取形似，必求意合」，十三勢歌云：「勢勢存心揆用意，得來不覺費功夫」，凡此所言的意，全是言著法。

著法是一種特殊的動作方式，是心中智慧的運用，以求產生所求的作用，作用也就是功，所以打太極拳，並非以自己本有的動作方式比形式，這樣就只學一個全無作用的形式，而是要知著法，有了著法才有作用，乃是太極拳，否則只是一個形狀姿式。所以只有形式而無作用，雖言太極拳，實是在空比形式，所以前人有歌云：「身形腰頂豈可無，缺一何必費功夫」！

二十六問、太極拳為什麼不可以用手，有用手非太極拳之言？

【答】：用手是一般的動作方式，是先天自然之能，人人生來都會；不用手是用腰腿來動，即是著法，是後天學成的方法，功深以後是用內在氣勁來動，就無外形姿式可言。言用手非太極，乃由於用手沒有太極拳的作用，尚未會太極拳。

二十七問、什麼是雙重？

【答】：雙重是兩人相頂，雙方都用了重力，乃是雙重，也就是相頂，乃太極拳的大忌。以單人而言，身體因僵硬而呆滯，無虛實之分，也是雙重。

二十八問、行功心解云：「發勁須沉著鬆淨」，既是發，為何要鬆淨？

【答】：太極拳是內家拳，功在內勁，不在外力，鬆淨而能生內勁，用了力就沒有內勁。鬆淨是不但要鬆，更要鬆得徹底純淨，越鬆淨，內勁越強，即所謂「極柔軟，然後能極堅剛」。

二十九問、打手歌云：「引進落空合即出」，何謂合即出？

【答】：是言當我引進落空之時，在此過程中，一旦合乎我發放機勢，即可將彼發出。要能發勁，必要先合乎機勢。合是合乎機勢。

三十問、打手歌云：「掤攦擠按須認真」，何謂須認真？

【答】：須認真就是要全神貫注，提起精神，以求神氣相隨，心中能認真始能有此作用。太極拳是拳術，所用在神，神能提起，而能有意氣，有意氣而能使用，一有鬆懈，意氣即消散，豈能不認真！

三十一問、「牽動四兩撥千斤」者，四兩何能撥千斤？

【答】：這全在陰陽虛實的應用。力有一定的方向，對準其正面的方向始能有作用，若攻其側面，只要輕輕一撥，必會跌出。若順其方向引而帶去，更無須用力，必跌得更遠，乃是避其實而擊其虛。太極拳

運用陰陽，以弱勝強，不外都是如此應用。有言太極拳既不用力，但四兩也是力，其實太極拳的四兩不是力，而是勁，乃無力之力，所謂「用意不用力」，只用意，不用力。

三十二問、所謂熟能生巧，是否只要苦練就可練成太極拳？

【答】：若能苦練，無疑的自可練成太極拳，拳論云：「由著熟而漸悟懂勁，由懂勁而階及神明」，即是言熟能生巧，但一個重要的關鍵，在於練的究竟是不是太極拳？所練是否正確，是一個重大的問題，一般學甚麼，都能明顯的知道是甚麼，惟獨太極拳很難辨別，若學非所學，仍以熟能生巧的觀念學習，必然不但不能生巧，更將越練越糟，是深深值得思考的一件事。

三十三問、先聖既言「為道日損」，而拳論則言：「是皆先天自然之能，非關學力而有也」，是言太極拳是要後天學習的，其間是否有矛盾？

【答】：並不矛盾。「非關學力而有也」的學

習，即是言學習如何減損先天自然之能，正是「為道日損」，即是要從一般性的運動，轉化為太極拳的運動。

太極拳在整個學習的過程中，由於是在求如何棄本有之能不用，乃是「為道日損」，完全反乎一般世俗的觀念，所以先輩陳鑫氏云：「非世之以拳為拳者比也」，不能以一般世俗觀念中的拳術的觀念思考太極拳，太極拳是不同於一般世俗觀念中的拳術的，這一觀念上的差別，關係著學習的方向與太極拳的有無，值得深究明辨。

三十四問、什麼是勁？與力有什麼不同？

【答】：關於勁，在前文中已有所說明，現既有學者提問，在此再加以詳述。

勁與力是不同的，勁是內勁，力是外力，不但不同，更是對等的存在。力是只要心中求用力，就能有力，人人生來都有，為一般所使用的力；勁則相反，是由心中求不用力所產生，是人體的潛能，所以有「內勁是不用力之力」之言，其所以不用力而能產生勁，由於有意的存在，這也就是所謂的「用意不

用力」，是用意不用力的力量。凡內家功，都是求用意不用力的，兩者都可以在後天的修習中增強。所謂用力與不用力，心中求用力，就是用力；心中求不用力，就是不用力，全在於心中的想法。太極拳不用力，而只有意，是求內勁，故有「用力非太極」之言。

例如與人對推，心中求用力，就可有力，可以用力來推；如若心中求不用力，還是很有力量的存在，這乃是勁，其所以有勁，由於仍有意，內勁由於不用力而鬆柔，而能和通氣血，養生益壽。外力由於用力，而產生堅硬，不利於氣血自然循環，易於衰老，這是二者對生理影響的不同。

拳經云：「有力則無氣，有氣則無力，無力則純剛」，功深以後的勁乃是內氣，亦稱中氣、元氣、真氣，也就是說，有了力就不會有勁，有了勁就不會有力，完全沒有了力，就是純剛，二者是相對的存在的。所以二者有如蹺蹺板的兩端，一端高了，另一端就低，故有愈不用力，力愈大，愈輕力愈強之言，愈大愈強是言內勁而非力，這也就是所謂的「極柔軟，然後能極堅剛」，在太極拳是具體的證驗。無力則

純剛，是一點點力都不可有，若稍一想用力，必生僵硬，還何能談鬆柔！

三十五問、如何求得內勁？

【答】：內勁既由於不用力而用意，就要做到用意不用力，專心一意求鬆柔。太極拳許多著法，都是為了求鬆柔，例如求沉肩、墜肘、涵胸、拔背、弓腰、坐胯等，都是求鬆柔之法，是鬆柔以後在身上的一種感覺。

所以太極拳不是一般性的運動，若以一般性的運動，必然一動就僵，還何能求得鬆柔？表示尚未會太極拳，還是停留在求形狀等外形姿式而已。

太極拳是一種特殊性的運動，是以扭旋、伸縮、開合等方式來動，方可求得柔軟而有內勁，能如此，任何姿式都可以是太極拳，所以有「一伸一縮即是拳經」之言，也有「動就是太極」之言，此處所言的動，不是一般性的動，而是扭旋、伸縮、開合，這樣就可感覺到身內產生了動能，這就是內勁，行功心解所言「運勁如百煉鋼」，像煉鋼一樣，愈練愈強。這須由有經驗者的指導，不可用力操作為要，而是要輕

柔緩慢，而能練就「極柔軟，然後能極堅剛」，愈不用力，力愈大，愈輕力愈強之勁。開合是心中意想把身體橫向放大就是開，縮小就是合。

三十六問、拳經云：「凡此皆是意，不在外面」，郭雲深氏則云：「有形有意都是假，拳到無心方見真」，一言皆是意，一言意是假，兩者不是有了矛盾？

【答】：二者意會完全一樣，拳經言「皆是意」，是相對於不在外面而言；郭氏言「意是假」，是言不可有形的意，有形的意就是假的，二者皆言不可以外形為太極拳。

三十七問、學太極拳苦於難得真傳，請問何謂真傳？如何能得真傳？

【答】：這是一個非常重要的問題，若未得真傳，雖言學習，又何能是在學習？必枉費工夫。其實真傳並非難求，論經歌解及宗師之言，即是真傳，可以想見的，非真為何？何處有真？乃是真正的太極拳之所在，先輩打太極拳所打的太極拳，言太極拳所言

的太極拳，只因一般多以拳套姿式為太極拳，以致不知真之何在。

三十八問、拳論言快與力云：「是皆先天自然之能，非關學力而有也」，言下之意，即是肢體動作的快與力都非太極拳，但後天又要如何學習？

【答】：先聖老子曰：「為學日益，為道日損」，為學日益是求先天本有之能的增進，為道日損是求先天本有之能的損棄。太極拳是求損棄快與力的本有之能，而求內勁，非一言所能盡。論經歌解及宗師之言，即是所要追求與學習的本體，太極拳沒有那麼簡單，只是外面的拳套姿式。

三十九問、所謂「用意不用力」，請問不用了力，意究竟有什麼作用？

【答】：意實有非常巨大的作用，平時用力的力，也是由意所使出來的。心中用力，就有了力；若在動作中，心中求不用力，就只有意，而沒有了力，這時意就產生了作用，啟動身內的內勁，先是筋肉柔軟的力，可以愈養愈強，日久產生了氣，因為有意而

能有氣，所以言意氣，是精神面的力量強大無邊，所謂浩然之氣，至大至剛，乃太極拳的體之所在。十三勢歌云：「若言體用何為準？意氣君來骨肉臣」，即是由於此，力與勁都是由意所使出來的，心中用力就有了力，心中不用力只有意，就有了內勁。

「仔細留心向推求，屈伸開合聽自由。」——《十三勢歌》

「攬陰陽，奪造化，轉乾坤，扭氣機。」——道家

真境

| 太極拳透視 |

論為何太極拳久學難成

　　太極拳的令人覺得艱深難明，難以理解與學習，主要原因由於太極拳在作用上反乎一般觀念中的拳術與運動，反乎一般世俗的觀念與認知。一般觀念中的拳術與運動，都尚快而有力；太極拳則求慢而不用力，在本質、本性上不但不同，更是完全相反。由於以一般世俗的觀念，以一般拳術與運動的思維思考與學習，以致困惑難明，勤學苦練數十年，仍難有成就，而致枉費工夫，凡太極拳的難成，無非都是由於此一原因。所以先輩陳鑫氏言太極拳云：「非世之以拳為拳者比也」，即言不能以一般世俗觀念中的拳術思考太極拳，這關係著學習太極拳的成敗與有無，值得深思與探究。

　　但太極拳既是拳術，卻求慢而不用力，何以有拳術的作用？豈非是緣木求魚？所以要知拳術有外家、內家之別。外家拳求快與有力，是有形的肢體面的拳術，求有形的肢體動能；太極拳是內家拳，慢而不用力，是棄有形的肢體動能，修習內在意氣，乃是內勁，是以內勁為體的拳術，而有內勁與外力之別，二

者在作用與意義上完全不同。由於要有後天的傳習，所以難為人知。十三勢歌云：「若言體用何為準？意氣君來骨肉臣」，諺云「外練筋骨皮，內練一口氣」，即都言內家拳之本體是內在意氣，而非外面形式。先輩孫祿堂氏云：「拳術之內勁，實為人身之基礎。」也是言內家拳的本體是內勁，而非外在形式，在實體上二者是完全不同的兩件事。

　　太極拳流傳至今，輾轉相傳。由於內練之功難為人知，多以一般拳術的觀念在外在姿式求太極拳，以致空無所有。既無拳術的作用，也無太極拳的養生之功，只有形式而無太極拳，而致枉費工夫，是太極拳難以有成的一般情形。因此各家先輩宗師都有太極拳不在外面姿式的提示，提供學習者參考深究。

論如何學成太極拳

太極拳並非難學，其所以難，由於認知有了偏離，失去了本體。太極拳的根本在於「求柔」，能柔就有太極拳，也一定能有太極拳，是成功太極拳的基礎，「萬般皆非是，能柔方是真」。

要知太極拳非先天本有之能的拳術，「求柔」即是求棄先天本有的肢體動能不用，乃是在培養內勁，是後天學習的功夫。拳論云：「是皆先天自然之能，非關學力而有也」，即是言太極拳非先天本有動能，是太極拳有無的一個嚴肅的分野，「能柔萬式成，一柔破萬招」。

所以在運作中，一切的著法主要都是為了求柔，若用了方法，卻生僵硬，就非其法，顯然就與太極拳背道而馳，是錯誤的方法。

要求柔就不可用一般性的運動方式，從用一般性的運動方式，一動就生僵力即可知道。太極拳的動，務要能求得柔，而能產生內動，而有內勁，而能有太極拳。如若全心全意以一般性的運動方式操作外在姿式，必然無從鬆柔，顯然不合經歌宗師之言。

太極拳的辨與證

　　自古以來，太極拳常令人覺得玄奧難明，深不可及，無從理解與學習，主要原因由於太極拳不同於一般觀念中所知的拳術，非外在肢體動作的動能，而是內練之功。由於不同於一般對拳術的觀念與認知，多以一般拳術的觀念思考，在外在肢體動作求太極拳，差之毫釐，謬以千里，由是而苦學難成。由於不同一般世俗觀念中的拳術，所以先輩陳鑫氏云：「非世之以拳為拳者比也」，不能以一般拳術的觀念思考太極拳。

　　這在拳論中是有明確的說明的，拳論明確的區分了一般的肢體動能與太極拳的不同，拳論云：「斯技旁門甚多，雖勢有區別，概不外壯欺弱，慢讓快耳。有力打無力，手慢讓手快，是皆先天自然之能，非關學力而有也。」斯技是通指拳術這個功夫，旁門是太極拳以外旁種拳術，勢是指外形架式。言旁種拳術的種類甚多，雖外形有不同，但在性質上都不外是使用肢體動能的快與力，這些都是先天本有的自然之能，人人生來都有，並非後天學習而後有的太極拳。明確

指出了太極拳並非先天本有的動作之能，區分了外在肢體動作之能與太極拳的不同，也就是先天本有之能的姿勢動作並非太極拳，為資證明，接著又說：「察四兩撥千斤之句，顯非力勝，觀耄耋能禦眾之形，快何能為！」也說明了太極拳難知難明，苦學難成的原因所在。

不但拳論如此敘述太極拳的本有面貌，而且經譜歌訣、先輩宗師，以及諺語與著法，都有這樣的相同之言，都言太極拳並非外在肢體動能。用詞雖有不同，但意涵完全一致。可見以先天肢體動能的觀點，是無從理解太極拳的，也不可能有太極拳。為求深切了解，謹將拳論上述所言以外的種種說法，舉例於次，以證所言，供太極拳的愛好者參考研探。雖是許多不同的話，實質上也都是同一句話，都是意指太極拳非先天之能的肢體動能。

1.鬆柔不用力

註：鬆柔不用力是太極拳的基本要求與著法，既鬆柔不用力了，還何能使用外在肢體動能？顯然目的是求棄肢體動能不用，用就非太極拳，與拳論所言完全相同。

2. 行功心解云：「極柔軟，然後能極堅剛」

註：求柔軟即是求不用外在肢體；能極堅剛，由於棄外在肢體動能後而有內勁，愈柔軟，內勁愈強。

3. 求慢

註：求快是求肢體動能，求慢是修習內勁，不用肢體動能。

4. 不可動手，用手非太極

註：動手是先天肢體動能，所以非太極拳。

5. 沉肩，墜肘，涵胸，拔背，鬆腰，坐胯

註：是太極拳的鬆身大法，是各關節鬆開後所產生的感覺，以求棄各關節的先天動能不用。

6. 用意不用力

註：也是一句求不用先天肢體動能之言，不用力是不用肢體動能，用意是以意運用內在氣勁。

7. 不可頂抗

註：是不用先天肢體動能。

*8.*拳論云：「**雙重則滯**」

註：言不可雙重。雙重是雙方用肢體頂抗，也是不用先天之能。

*9.*拳論云：「**左重則左虛，右重則右杳。仰之則彌高，俯之則彌深。進之則愈長，退之則愈促**」

註：都是求不頂不抗，避免雙重，不用先天之能。

*10.*拳論云：「**捨己從人**」

註：要求隨彼之動而動，不作先天之能頂抗相爭。

*11.*拳論云：「**隨曲就伸**」

註：隨彼之進而退，就彼之退而伸，也是捨己從人。

*12.*拳論云：「**本是捨己從人，多誤捨近求遠**」

註：本是求從彼之動而動，可以輕易取勝，一般多誤以先天本有之能，與人抗爭，而致走了遠路。

*13.*能方能圓，曲直隨形

註：也是捨己從人，不作肢體的對抗，不用先天自然之能。

*14.*拳經云：「凡此皆是意，不在外面」

註：不在外面，是指不用外在先天之能的肢體之能。

15.「原路不發」

註：這是言太極拳發勁，原路是原與人相接之處，若用就用了先天本有之能，不可能發出，或將為人所乘。

*16.*以柔弱勝剛強

註：求柔弱就是鬆柔不用力，不用先天肢體動能。

*17.*以靜制動，以柔克剛

註：求靜求柔都是不用先天本有之能，動是求先天之能，所以太極拳要動中求靜，雖動猶靜，動靜合一。

*18.*順人之勢，借人之力

註：不使用肢體先天之能打擊對手。

*19.*打手歌云：「**任他巨力來打我**」

註：放棄先天本有之能。

*20.*拳論云：「**陰陽相濟**」

註：捨己從人，隨曲就伸，能方能圓，曲直隨形，都是陰陽相濟。

*21.*拳經云：「**無力則純剛**」

註：用力即用了先天本有之能，無力則純剛是完全沒有了力，全是內在氣勁，這是純剛，也就是極柔軟，然後能極堅剛。

*22.*行功心解云：「**發勁須沉著鬆淨**」

註：「鬆淨」就是要求鬆柔不用力，不用先天本有肢體自然之能，「淨」是要鬆得乾淨，徹底不用力，全是內勁，以求周身彈簧力。也就是極柔軟，然後能極堅剛。

23.打手歌云：「引進落空合即出」

註：「引進」是順彼之進而我退，「落空」是使彼著不到力，也就是不用先天本有的自然之能頂抗。「合即出」是合乎我發放機勢時，把彼發出去。

24.用力非太極，有形非太極

註：也是不用自然之能之言。

25.陳長興氏云：「夫拳術之為用，氣與勢而已矣」

註：是不用先天肢體之能之言。

26.郝月如氏云：「太極拳不在樣式，而在氣勢」

註：樣式是外在姿勢，在樣式是運用先天之能。

27.郭雲深氏云：「有形有意都是假，拳到無心方見真」

註：有形有意是使用外在肢體先天之能，都是假的，要不用而能產生作用才是真的，所以能有作用，由於不用而後有內勁之能。

28. 內家拳拳經云：「拳無拳，意無意，無意之中是真意」

註：也是同樣的意義，有拳有意就是有形有意。

29. 楊澄甫氏云：「論太極拳不在外形姿式，而在內理，氣與勁耳」

註：明示太極拳非外形姿式的自然之能，而是心中的理與內在氣勁。可見求外形姿式何能是太極拳！

30. 陳鑫氏云：「自古太極皆如此，何須身外妄營求」

註：言太極拳本非外在先天肢體動能，求外在姿式是空求白練。

31. 真義歌云：「無形無象，全身透空」

註：「無形無象」是無先天本有的肢體動能形象；「全身透空」是周身空鬆無力，正如楊澄甫言：「不在外形姿式，而在內理，氣與勁耳」。

32. 真義歌云：「應物自然」

註：是言推手對應要順乎自然，不用先天肢體之能對抗，也就是要捨己從人。

33.無法為法

註：有法是使用先天本有之能，無法是沒有這種的法，不用先天本有之能。「無法為法」是以不用這種法為法，這也就是「拳到無心方見真」，「無意之中是真意」。

34.一陰一陽之謂道，太極拳之理本於道家的思想，是道家的修為功夫。老子道德經云：

(1)「反者道之動；弱者道之用」

註：反是反乎一般世俗的觀念，太極拳是反乎一般世俗的觀念，以柔弱為拳術，求慢而不用力，不用先天自然之能。拳論云快與力非太極拳，其求慢而不用力，是修習內勁。孫祿堂氏云：「拳術之內勁，實為人身之基礎」，也就是太極拳的體之所在。

(2)「為學日益，為道日損。損之又損，以致於無為。無為而無不為」

註：為學是求先天本有之能的增進，求天天進步；為道則相反，不但不求進步，而日日求退損，與一般世俗的觀念恰是相反。太極拳本於道家的思想，求慢而不用力，不但不求快與力的進步，更是求損棄不用，所以拳論言快與力云：「是皆先天自然之能，非關學力而有也」，為人所不知，求退損快與力是培養內在氣勁，慢是由於配合培養氣勁，用時快慢由心。

(3)「夫唯不爭，故天下莫能與之爭」

註：爭是運用先天本有之能，是有為；不爭是棄先天本有之能不用，太極拳是心性的修為，本於陰陽以不爭為用，而能不爭而勝。在太極拳若用爭的思想，必生僵硬，是致敗之因。靜而不爭方能鬆柔，而能無形無象，全身透空，人又何能敗我！

(4)「取天下常以無事，及其有事，不足以取天下」

註：無事是心中無作為，太極拳推手若心中有作為，即是在使用肢體自然之能，必生僵硬，而為人

所用。心中是不可有作為的思想的，這也是說不可用先天本有之能，所以推手也可以說成是「推手常以無事，及其有事，不足以推手」。

(5)「吾所以有大患者，為吾有身，及吾無身，吾有何患？」

註：在太極拳，若使用先天肢體之能，即生僵硬，使人有攻擊的目標，成了有身，而為大患。所以要求鬆柔不用力，棄先天之能不用，令人無所著落，而可令身隱而不見，即所謂「無形無象，全身透空」，乃是及吾無身，吾有何患。

類此之言多不勝數，不勝枚舉，由於太極拳並非先天自然之能的肢體動能，反乎一般世俗的觀念，是哲理的呈現，所以有高深的內容，非外在姿式可以呈現與表達，非有後天的傳習不可。十三勢歌云：「入門引路須口授，功夫無息法自修」，又云：「若不向此推求去，枉費功夫貽嘆息」，可見太極拳的學習，不可執著於先入為主的觀念，若非太極拳，何年何月可以有太極拳，不言可知，實值得深究明辨，對太極拳的傳承所產生的影響，更是值得深思的一件大事。

太極拳的玄妙之機

　　對太極拳稍有知道的，都知太極拳有王宗岳氏的拳論，但多難明其意義，可是不明就不能明太極拳，拳論是太極拳的宗義與定義，理論之基，方向與指針，明瞭以後才能真正的認識了太極拳，不明即使會了拳套姿式，還是不知太極拳之為何。

　　拳論的本意，乃是本於哲理，論述陰陽之理的如何在拳術中應用，而能以柔弱勝剛強，雖寓意深奧，但若從淺顯的角度去解讀，拳論的主軸意涵不外是「不頂」二字，在使用上不可與人相頂，雖用了許多不同的話，但其意涵皆是言不可相頂，因不頂而能有陰陽變化，而能是太極拳。茲列舉如次，以供參考研究。

1.「太極者，無極而生，陰陽之母也」

　　太極拳之本根於太極，所以首先提及太極。太極的變異是陰消陽長，陽消陰長，是互不相頂的，乃是本篇拳論的宗義，也是太極拳的大道理。

2.「無過不及，隨曲就伸」

即是言不頂，無過及隨曲都是求不頂，不及與就伸是求不離。

3.「人剛我柔謂之走，我順人背謂之粘」

走是不與相頂，就是不頂；粘是制人。太極拳即使是制人也是不用頂，而是求背順。

4.「左重則左虛，右重則右杳。仰之則彌高，俯之則彌深。進之則愈長，退之則愈促。一羽不能加，蠅蟲不能落」

也都是為了求不頂。

5.「壯欺弱、慢讓快耳。有力打無力，手慢讓手快，是皆先天自然之能，非關學力而有也」

用快與力，必將與人相頂，皆非太極拳之所用。

6.「察四兩撥千斤之句，顯非力勝；觀耄耋能禦眾之形，快何能為？」

舉例說明太極拳非快與力的相頂之功。

7.「偏沉則隨，雙重則滯」

偏沉是一方鬆開，即是不頂；雙重是雙方用力相頂。

8.「每見數年純功，不能運化者，率皆自為人制，雙重之病未悟耳」

言太極拳之敗，都是為了雙重，雙重就是相頂，是本篇拳論的總結之言。

9.「欲避此病，須知陰陽。粘即是走，走即是粘。陰不離陽，陽不離陰，陰陽相濟，方為懂勁」

言要避免相頂，就要運用陰陽，彼進我退，彼退我進，這就是陰消陽長，陽消陰長，陰陽相濟，這樣就是懂勁，懂了太極拳。在太極拳就是不丟不頂，沾連粘隨，可見只就外在姿式而練，是與太極拳全無干連的。

10.「本是捨己從人，多誤捨近求遠」

也是總結之言，「捨己從人」是隨人之動而動，形影不離，體現陰陽消長之理，也就是不丟不頂的實

踐。「捨近求遠」是與人相頂，不走近路，走了遠路。例如彼若以力推我，我隨之而退，不與相頂，彼力即消失於無形，就可輕易化解彼之來襲。若用力相頂，反使彼有了著落，有了作用，近路不走，走了遠路。

以上所舉，是拳論的軸心意涵，都是言不可相頂，由於不頂，而能運用陰陽變易之理，以柔弱勝剛強。

論太極拳的運動特質

　　值得注意的是，一般所謂的運動，是人體的關節運動，是使用關節動能的運動，無論跳高、跳遠、奔跑、舉重、打球、騎車……等各色各種的運動，無不都是使用關節之能，這是先天本有的自然之能，在生活動作中，無時無刻不在使用，人人都知，不足為奇，在拳術而言，是堅硬有力的外力，無關乎太極拳。

　　太極拳有超乎凡俗的作用，令人覺得神奧難明，由於完全相反，完全棄絕這種關節運動不用，以求柔軟的筋肉運動，是一種筋肉柔軟的力量，乃是內勁，是與外力對等而言的，由於非一般性的運動，所以為人難知，以一般性的關節運動，即要用力，所以一動即僵，一試便知，以致苦於不能鬆柔。太極拳要求鬆柔不用力，目的即是求棄關節動能不用，以求產生柔軟的筋肉運動能量，故有內勁是不用力之力之言，這也就是所謂的「用意不用力」。在動作中只求用意，不求用力，就會有氣感產生，可以愈養愈強，故經譜有「運勁如百煉鋼」之言，由於氣血和順，而能養生

祛病，益壽延年。

　　太極拳由於求棄一般性的關節運動不用，而有其特定的運作之法，也就是所謂的「著法」。太極拳要求沉肩、墜肘、涵胸、拔背、鬆腰、坐胯，即是為了求各有關關節鬆開不用力，以去關節動能，而能產生柔軟的筋肉運動，由此可證太極拳並非一般性的關節運動，而是棄關節運動不用的拳術。功深以後，全是意氣的運行，更無肢體動作可言。

　　又拳論言快與力云：「是皆先天自然之能，非關學力而有也」，即明確的區別了一般性的關節運動與太極拳的不同，值得認真正視。由於快與力是先天性的關節運動之能，所以非關乎太極拳，太極拳是後天學習的運動方式，二者涇渭分明，清楚的區分了太極拳的是非有無，也說明了太極拳苦學難明的關鍵所在。所以拳論的結語云：「差之毫釐，謬以千里，學者不可不詳辨焉」，要明辨有無，不可執著於先入為主的觀念，而致枉費工夫。

　　又先聖老子曰：「為學日益，為道日損。損之又損，以至於無為。無為而無不為。」此在太極拳而言，「為學日益」，是求先天本有之能的天天進

步，也就是先天本有的關節運動天天進步；「為道日損」，是不但不求進步，更是求天天損棄。太極拳要求鬆柔不用力，即是求損棄先天之能，以至於無為，是直到做到徹底的鬆柔不用力。

「無為而無不為」，是待徹底沒有了力之後，就可無所不為。用力是有為，不用力是無為，太極拳不用力之後，就可產生內勁，內勁是完全不可用力的，是不用力之力，要不用力之後才能產生，是無力之力，也是無為之能，功深以後是氣勁。例如，我徹底鬆柔不用力之後，人若加力於我身，在此狀態下，我滿身是氣勁，用任何作為均可將彼發出，是求為而不為，或直接再求鬆身，用任何方式均可發出，當然不可能以用力的有為方式，產生無為而無不為之功。

在太極拳的拳法之中，都是在求無為，例如「不頂不抗」、「引進落空」、「順人之勢，借人之力」、「隨曲就伸」、「捨己從人」、「任他巨力來打我」，無不都是求無為之功，也是求柔弱中的剛強，可見太極拳是本於道家的思想，是道家思想的具體實踐與呈現，現今打太極拳多在拳套姿式求功，以致久學難成。

太極拳與神

　　太極拳之本在於神，神是對事物的感應能力，生命之源，經修習而能有超凡的作用。神有元神與識神，元神是天生本有之能，識神是在元神中產生了思想與識別能力，是後天學習而來。太極拳以元神為重，求返璞歸真，在後天中由識神返歸元神。

　　元神是無為，識神是有為，例如在太極拳的推手之中，若有人推觸我，無論推觸在何處，我都有感覺，乃是元神的作用，一有意識的反應，而有所作為，是識神的作用，生理上也就隨而受到了影響，有了動靜，識神在何處，何處就產生了僵硬，而為人知，將為人所乘，非太極拳所為。太極拳並不採用這種作為，這是先天的本有能力，拳論云：「是皆先天自然之能，非關學力而有也」，太極拳是後天學習的修為，是道家的修為之術，先聖老子曰：「為道日損」，即是言道是求天天損棄後天的識神，返歸先天元神之真。

　　太極拳就是這樣的修為功夫，求取損棄識神，返歸元神，也就是求無為，是學習太極拳追求的真正的

境域，也是真正的困難所在。由於識神是本有習性，一當受侵，必定立即產生反應，於是即產生僵硬，而為人所乘，所以在推手中，是絕對不可有識神的反應的，一有即生僵硬。太極拳有修為者則不然，全不作識神反應，而是處之泰然，乃可保持鬆淨，而不為人所乘，真義歌云：「應物自然，西山懸罄」，即是言這種情形，雖受攻擊，但心中毫無所動，這是一種修為的功夫，若有反應而生僵硬，就不符合太極拳要求鬆柔的原理，要保持「泉清水靜」，心中雖十分明白，但平靜如水，以求無為而有為之功。

我們從前輩高人的話語中，就可看到許多太極拳到了高境界的修為狀態，內家拳拳經云：「拳無拳，意無意，無意之中是真意」，先輩郭雲深氏云：「有形有意都是假，拳到無心方見真」、「任他巨力來打我」、「應物自然，西山懸罄」、「捨己從人」，都是言捨棄識神不用的情形。有為、有形、或有這種的意，或有與人抗爭之心，都是運用識神的作為，不用這種作為，乃是返璞歸真，所以言是真，太極拳能有此作用，由於有意氣的存在，也就是內勁，要不作有為的肢體動能，而能有意氣的作用，所以拳經云：

「無力則純剛」，可見難有太極拳，因為求肢體動能的作用，全是識神的作用，是「為學日益」，而非「為道日損」。

　　一般由於不知內勁，以識神操作有形的肢體動作，所以一動即僵，若以識神運作意氣，即可產生「柔中寓剛，剛中寓柔」的太極勁。

「夫唯不爭，故天下莫能與之爭。」——《老子道德經》第二十二章

「無形無象，全身透空。」——《真義歌》

附錄

老子道德經

1、道可道，非常道；名可名，非常名。無，名天地之始；有，名萬物之母。故常無，欲以觀其妙；常有，欲以觀其徼。此兩者，同出而異名，同謂之玄。玄之又玄，眾妙之門。

2、天下皆知美之為美，斯惡已；皆知善之為善，斯不善已。有無相生，難易相成，長短相形，高下相盈，音聲相和，前後相隨。是以聖人處無為之事，行不言之教；萬物作而不為始，生而不有，為而不恃，功成而弗居。夫唯弗居，是以不去。

3、不尚賢，使民不爭；不貴難得之貨，使民不為盜；不見可欲，使民不亂。是以聖人之治，虛其心，實其腹，弱其志，強其骨。常使民無知無欲。使夫智者不敢為也。為無為，則無不治。

4、道沖，而用之或不盈。淵兮，似萬物之宗；〔挫其銳，解其紛，和其光，同其塵，〕湛兮，似或存。吾不知誰之子，象帝之先。

5、天地不仁，以萬物為芻狗；聖人不仁，以百姓為芻狗。天地之間，其猶橐籥乎！虛而不屈，動而愈出。多言數窮，不如守中。

6、谷神不死，是謂玄牝。玄牝之門，是謂天地根。緜緜若存，用之不勤。

7、天長地久。天地所以能長且久者，以其不自生，故能長生。是以聖人後其身而身先；外其身而身存。非以其無私邪？故能成其私。

8、上善若水。水善利萬物而不爭，處眾人之所惡，故幾於道。居善地，心善淵，與善仁，言善信，政善治，事善能，動善時。夫唯不爭，故無尤。

9、持而盈之，不如其已；揣而銳之，不可長保。金玉滿堂，莫之能守；富貴而驕，自遺其咎。功遂身退，天之道也。

10、載營魄抱一，能無離乎？專氣致柔，能如嬰兒乎？滌除玄鑒，能無疵乎？愛民治國，能無為乎？天門開闔，能為雌乎？明白四達，能無知乎？〔生之畜之，生而不有，為而不恃，長而不宰，是謂『玄德』。〕

11、三十輻，共一轂，當其無，有車之用。埏埴以為器，當其無，有器之用。鑿戶牖以為室，當其無，有室之用。故有之以為利，無之以為用。

12、五色令人目盲；五音令人耳聾；五味令人口爽；馳騁畋獵，令人心發狂；難得之貨，令人行妨。是以聖人為腹不為目，故去彼取此。

13、寵辱若驚，貴大患若身。何謂寵辱若驚？寵為下，得之若驚，失之若驚，是謂寵辱若驚。何謂貴大

患若身？吾所以有大患者，為吾有身，及吾無身，吾有何患？故貴以身為天下，若可寄天下；愛以身為天下，若可託天下。

14、視之不見，名曰「夷」；聽之不聞，名曰「希」；搏之不得，名曰「微」。此三者不可致詰，故混而為一。其上不皦，其下不昧，繩繩兮不可名，復歸於無物。是謂無狀之狀，無物之象，是謂惚恍。迎之不見其首；隨之不見其後。執古之道，以御今之有。能知古始，是謂道紀。

15、古之善為士者，微妙玄通，深不可識。夫唯不可識，故強為之容：豫兮若冬涉川；猶兮若畏四鄰；儼兮其若客；渙兮其若釋；敦兮其若樸；曠兮其若谷；混兮其若濁；孰能濁以靜之徐清；孰能安以動之徐生。保此道者，不欲盈。夫唯不盈，故能蔽而新成。

16、致虛極，守靜篤。萬物並作，吾以觀復。夫物芸芸，各復歸其根。歸根曰靜，靜曰復命。復命曰常，知常曰明。不知常，妄作凶。知常容，容乃公，公乃全，全乃天，天乃道，道乃久，沒身不殆。

17、太上，下知有之；其次，親而譽之；其次，畏之；其次，侮之。信不足焉，有不信焉。悠兮其貴言。功成事遂，百姓皆謂：「我自然。」

18、大道廢，有仁義；六親不和，有孝慈；國家昏亂，有忠臣。

19、絕聖棄智，民利百倍；絕仁棄義，民復孝慈；絕巧棄利，盜賊無有。此三者以為文，不足。故令有所屬：見素抱樸，少私寡欲。

20、絕學無憂。唯之與阿，相去幾何？美之與惡，相去若何？人之所畏，不可不畏。荒兮，其未央哉！眾人熙熙，如享太牢，如春登臺。我獨泊兮，其未兆，如嬰兒之未孩；儽儽兮，若無所歸。眾人皆有餘，而我獨若遺。我愚人之心也哉！沌沌兮！俗人昭昭，我獨昏昏。俗人察察，我獨悶悶。澹兮其若海，飂兮若無止。眾人皆有以，而我獨頑且鄙。我獨異於人，而貴食母。

21、孔德之容，惟道是從。道之為物，惟恍惟惚。惚兮恍兮，其中有象；恍兮惚兮，其中有物。窈兮冥兮，其中有精；冥兮窈兮，其中有信。自今及古，其名不去，以閱眾甫。吾何以知眾甫之狀哉！以此。

22、曲則全，枉則直，窪則盈，敝則新，少則得，多則惑。是以聖人執一為天下式。不自見，故明；不自是，故彰；不自伐，故有功；不自矜，故能長。夫唯不爭，故天下莫能與之爭。古之所謂「曲則全」者，豈虛言哉！誠全而歸之。

23、希言自然。故飄風不終朝，驟雨不終日。孰為此者？天地。天地尚不能久，而況於人乎？故從事於道者，同於道；德者，同於德；失者，同於失。同於德者，道亦德之；同於失者，道亦失之。信不足焉，有不信焉。

24、企者不立；跨者不行；自見者不明；自是者不彰；自伐者無功；自矜者不長。其在道也，曰：餘食贅形。物或惡之，故有道者不處。

25、有物混成，先天地生。寂兮寥兮，獨立不改，周行而不殆，可以為天下母。吾不知其名，強字之曰「道」，強為之名曰「大」。大曰逝，逝曰遠，遠曰反。故道大，天大，地大，人亦大。域中有四大，而人居其一焉。人法地，地法天，天法道，道法自然。

26、重為輕根，靜為躁君。是以君子終日行不離輜重，雖有榮觀，燕處超然。奈何萬乘之主，而以身輕天下？輕則失根，躁則失君。

27、善行無轍迹；善言無瑕讁；善數不用籌策；善閉無關楗而不可開；善結無繩約而不可解。是以聖人常善救人，故無棄人；常善救物，故無棄物。是謂襲明。故善人者，不善人之師；不善人者，善人之資。不貴其師，不愛其資，雖智大迷，是謂要妙。

28、知其雄，守其雌，為天下谿。為天下谿，常德不離，復歸於嬰兒。知其白，〔守其黑，為天下式。為天下式，常德不忒，復歸於無極。知其榮，〕守其辱，為天下谷。為天下谷，常德乃足，復歸於樸。樸

散則為器，聖人用之，則為官長，故大制不割。

29、將欲取天下而為之，吾見其不得已。天下神器，不可為也，〔不可執也。〕為者敗之，執者失之。故物或行或隨；或噓或吹；或強或羸；或培或墮。是以聖人去甚，去奢，去泰。

30、以道佐人主者，不以兵強天下。其事好還。師之所處，荊棘生焉。〔大軍之後，必有凶年〕。善有果而已，不敢以取強。果而勿矜，果而勿伐，果而勿驕，果而不得已，果而勿強。物壯則老，是謂不道，不道早已。

31、夫兵者，不祥之器，物或惡之，故有道者不處。君子居則貴左，用兵則貴右。兵者不祥之器，非君子之器，不得已而用之，恬淡為上。勝而不美，而美之者，是樂殺人。夫樂殺人者，則不可得志於天下矣。吉事尚左，凶事尚右。偏將軍居左，上將軍居右。言以喪禮處之。殺人之眾，以悲哀泣之，戰勝以喪禮處之。

32、道常無名、樸。雖小，天下莫能臣。侯王若能守之，萬物將自賓。天地相合，以降甘露，民莫之令而自均。始制有名，名亦既有，夫亦將知止，知止可以不殆。譬道之在天下，猶川谷之於江海。

33、知人者智，自知者明。勝人者有力，自勝者強。知足者富。強行者有志。不失其所者久。死而不亡者壽。

34、大道氾兮，其可左右。萬物恃之以生而不辭，功成而不有。衣養萬物而不為主，〔常無欲，〕可名於小；萬物歸焉而不為主，可名為大。以其終不自為大，故能成其大。

35、執大象，天下往。往而不害，安平太。樂與餌，過客止。道之出口，淡乎其無味，視之不足見，聽之不足聞，用之不足既。

36、將欲歙之，必固張之；將欲弱之，必固強之；將欲廢之，必固舉之；將欲取之，必固與之，是謂微

明。柔弱勝剛強。魚不可脫於淵，國之利器不可以示人。

37、道常無為而無不為。侯王若能守之，萬物將自化。化而欲作，吾將鎮之以無名之樸。無名之樸，夫亦將不欲。不欲以靜，天下將自正。

38、上德不德，是以有德；下德不失德，是以無德。上德無為而無以為；〔下德無為而有以為〕。上仁為之而無以為；上義為之而有以為。上禮為之而莫之應，則攘臂而扔之。故失道而後德，失德而後仁，失仁而後義，失義而後禮。夫禮者，忠信之薄，而亂之首。前識者，道之華，而愚之始。是以大丈夫處其厚不居其薄；處其實，不居其華。故去彼取此。

39、昔之得一者：天得一以清；地得一以寧；神得一以靈；谷得一以盈；萬物得一以生，侯王得一以為天下正。其致之也，謂天無以清，將恐裂；地無以寧，將恐廢；神無以靈，將恐歇；谷無以盈，將恐竭；萬物無以生，將恐滅；侯王無以正，將恐蹶。故貴以賤

為本，高以下為基。是以侯王自謂孤、寡、不穀。此非以賤為本邪？非乎？故至譽無譽。是故不欲琭琭如玉，珞珞如石。

40、反者道之動；弱者道之用。天下萬物生於有，有生於無。

41、上士聞道，勤而行之；中士聞道，若存若亡；下士聞道，大笑之。不笑不足以為道。故建言有之：明道若昧；進道若退；夷道若纇；上德若谷；大白若辱；廣德若不足；建德若偷；質真若渝；大方無隅；大器晚成；大音希聲；大象無形；道隱無名。夫唯道，善貸且成。

42、道生一，一生二，二生三，三生萬物。萬物負陰而抱陽，沖氣以為和。〔人之所惡，唯孤、寡、不穀，而王公以為稱。故物或損之而益，或益之而損。人之所教，我亦教之。強梁者不得其死，吾將以為教父。〕

43、天下之至柔，馳騁天下之至堅。無有入無間，吾是以知無為之有益。不言之教，無為之益，天下希及之。

44、名與身孰親？身與貨孰多？得與亡孰病？甚愛必大費；多藏必厚亡。故知足不辱，知止不殆，可以長久。

45、大成若缺，其用不弊。大盈若沖，其用不窮。大直若屈，大巧若拙，大辯若訥。躁勝寒，靜勝熱。清靜為天下正。

46、天下有道，卻走馬以糞。天下無道，戎馬生於郊。咎莫大於欲得；禍莫大於不知足。故知足之足，常足矣。

47、不出戶，知天下；不窺牖，見天道。其出彌遠，其知彌少。是以聖人不行而知，不見而明，不為而成。

48、為學日益，為道日損。損之又損，以至於無為。無為而無不為。取天下常以無事，及其有事，不足以取天下。

49、聖人無常心，以百姓心為心。善者，吾善之；不善者，吾亦善之；德善。信者，吾信之；不信者，吾亦信之；德信。聖人在天下，歙歙焉，為天下渾其心，百姓皆注其耳目，聖人皆孩之。

50、出生入死。生之徒，十有三；死之徒，十有三，人之生〔生〕，動之於死地，亦十有三。夫何故？以其生生之厚。蓋聞善攝生者，陸行不遇兕虎，入軍不被甲兵；兕無所投其角，虎無所用其爪，兵無所容其刃。夫何故？以其無死地。

51、道生之，德畜之，物形之，勢成之。是以萬物莫不尊道而貴德。道之尊，德之貴，夫莫之命而常自然。故道生之，德畜之；長之育之；亭之毒之；養之覆之。生而不有，為而不恃，長而不宰，是謂「玄德」。

52、天下有始，以為天下母。既得其母，以知其子；既知其子，復守其母，沒身不殆。塞其兌，閉其門，終身不勤。開其兌，濟其事，終身不救。見小曰明，守柔曰強。用其光，復歸其明，無遺身殃；是為襲常。

53、使我介然有知，行於大道，唯施是畏。大道甚夷，而人好徑。朝甚除，田甚蕪，倉甚虛；服文綵，帶利劍，厭飲食，財貨有餘；是謂盜夸。非道也哉！

54、善建者不拔，善抱者不脫，子孫以祭祀不輟。修之於身，其德乃真；修之於家，其德乃餘；修之於鄉，其德乃長；修之於邦，其德乃豐；修之於天下，其德乃普。故以身觀身，以家觀家，以鄉觀鄉，以邦觀邦，以天下觀天下。吾何以知天下然哉？以此。

55、含德之厚，比於赤子。蜂蠆虺蛇不螫，攫鳥猛獸不搏。骨弱筋柔而握固。未知牝牡之合而脧作，精之至也。終日號而不嗄，和之至也。知和曰常，知常曰明。益生曰祥。心使氣曰強。物壯則老，謂之不道，不道早已。

56、知者不言，言者不知。塞其兌，閉其門，挫其銳，解其紛，和其光，同其塵，是謂「玄同」。故不可得而親，不可得而疏；不可得而利，不可得而害；不可得而貴，不可得而賤。故為天下貴。

57、以正治國，以奇用兵，以無事取天下。吾何以知其然哉？以此：天下多忌諱，而民彌貧；民多利器，國家滋昏；人多伎巧，奇物滋起；法令滋彰，盜賊多有。故聖人云：「我無為，而民自化；我好靜，而民自正；我無事，而民自富；我無欲，而民自樸。」

58、其政悶悶，其民淳淳；其政察察，其民缺缺。禍兮，福之所倚；福兮，禍之所伏。孰知其極？其無正也。正復為奇，善復為妖。人之迷，其日固久。是以聖人方而不割，廉而不劌，直而不肆，光而不耀。

59、治人事天，莫若嗇。夫唯嗇，是謂早服；早服謂之重積德；重積德則無不克；無不克則莫知其極；莫知其極，可以有國；有國之母，可以長久；是謂深根固柢，長生久視之道。

60、治大國，若烹小鮮。以道蒞天下，其鬼不神；非其鬼不神，其神不傷人；非其神不傷人，聖人亦不傷人。夫兩不相傷，故德交歸焉。

61、大邦者下流，天下之牝，天下之交也。牝常以靜勝牡，以靜為下。故大邦以下小邦，則取小邦；小邦以下大邦，則取大邦。故或下以取，或下而取。大邦不過欲兼畜人，小邦不過欲入事人。夫兩者各得所欲，大者宜為下。

62、道者萬物之奧。善人之寶，不善人之所保。美言可以市，尊行可以加人。人之不善，何棄之有？故立天子，置三公，雖有拱璧以先駟馬，不如坐進此道。古之所以貴此道者何？不曰：求以得，有罪以免邪？故為天下貴。

63、為無為，事無事，味無味。大小多少，〔報怨以德。〕圖難於其易，為大於其細；天下難事，必作於易；天下大事，必作於細。是以聖人終不為大，故能成其大。夫輕諾必寡信，多易必多難。是以聖人猶難之，故終無難矣。

64、其安易持，其未兆易謀。其脆易泮，其微易散。為之於未有，治之於未亂。合抱之木，生於毫末；九層之臺，起於累土；千里之行，始於足下。為者敗之，執者失之。是以聖人無為故無敗；無執故無失。民之從事，常於幾成而敗之。慎終如始，則無敗事。是以聖人欲不欲，不貴難得之貨；學不學，復眾人之所過，以輔萬物之自然而不敢為。

65、古之善為道者，非以明民，將以愚之。民之難治，以其智多。故以智治國，國之賊；不以智治國，國之福。知此兩者亦稽式。常知稽式，是謂「玄德」。玄德深矣，遠矣，與物反矣，然後乃至大順。

66、江海之所以能為百谷王者，以其善下之，故能為百谷王。是以聖人欲上民，必以言下之；欲先民，必以身後之。是以聖人處上而民不重，處前而民不害。是以天下樂推而不厭。以其不爭，故天下莫能與之爭。

67、〔天下皆謂我：「『道』大，似不肖。」夫唯

大，故似不肖。若肖，久矣其細也夫！〕我有三寶，持而保之。一曰慈，二曰儉，三曰不敢為天下先。慈故能勇；儉故能廣；不敢為天下先，故能成器長。今舍慈且勇；舍儉且廣；舍後且先；死矣！夫慈，以戰則勝，以守則固。天將救之，以慈衛之。

68、善為士者，不武；善戰者，不怒；善勝敵者，不與；善用人者，為之下。是謂不爭之德，是謂用人，是謂配天，古之極也。

69、用兵有言：「吾不敢為主，而為客；不敢進寸，而退尺。」是謂行無行；攘無臂；扔無敵；執無兵。禍莫大於輕敵，輕敵幾喪吾寶。故抗兵相若，哀者勝矣。

70、吾言甚易知，甚易行。天下莫能知，莫能行。言有宗，事有君。夫唯無知，是以不我知。知我者希，則我者貴。是以聖人被褐懷玉。

71、知不知，尚矣；不知知，病矣。聖人不病，以其病病。夫唯病病，是以不病。

72、民不畏威，則大威至。無狎其所居，無厭其所生。夫唯不厭，是以不厭。是以聖人自知不自見；自愛不自貴。故去彼取此。

73、勇於敢則殺，勇於不敢則活。此兩者，或利或害。天之所惡，孰知其故？〔是以聖人猶難之。〕天之道，不爭而善勝，不言而善應，不召而自來，繟然而善謀。天網恢恢，疏而不失。

74、民不畏死，奈何以死懼之？若使民常畏死，而為奇者，吾將得而殺之，孰敢？常有司殺者殺。夫代司殺者殺，是謂代大匠斲。夫代大匠斲者，希有不傷其手矣。

75、民之饑，以其上食稅之多，是以饑。民之難治，以其上之有為，是以難治。民之輕死，以其上求生之厚，是以輕死。夫唯無以生為者，是賢於貴生。

76、人之生也柔弱，其死也堅強。草木之生也柔脆，其死也枯槁。故堅強者死之徒，柔弱者生之徒。是以兵強則滅，木強則折。強大處下，柔弱處上。

77、天之道，其猶張弓與？高者抑之，下者舉之；有餘者損之，不足者補之。天之道，損有餘而補不足。人之道，則不然，損不足以奉有餘。孰能有餘以奉天下，唯有道者。是以聖人為而不恃，功成而不處，其不欲見賢。

78、天下莫柔弱於水，而攻堅強者莫之能勝，以其無以易之。弱之勝強，柔之勝剛，天下莫不知，莫能行。是以聖人云：「受國之垢，是謂社稷主；受國不祥，是為天下王。」正言若反。

79、和大怨，必有餘怨；〔報怨以德，〕安可以為善？是以聖人執左契，而不責於人。有德司契，無德司徹。天道無親，常與善人。

80、小國寡民。使有什伯人之器而不用；使民重死而不遠徙。雖有舟輿，無所乘之；雖有甲兵，無所陳之。使民復結繩而用之。甘其食，美其服，安其居，樂其俗。鄰國相望，雞犬之聲相聞，民至老死，不相往來。

81、信言不美，美言不信。善者不辯，辯者不善。知
者不博，博者不知。聖人不積，既以為人己愈有，既
以與人己愈多。天之道，利而不害；人之道，為而不
爭。

清 靜 經

　　老君曰：大道無形，生育天地；大道無情，運行
日月；大道無名，長養萬物。吾不知其名，強名曰
道。夫道者，有清有濁，有動有靜。天清地濁，天動
地靜；男清女濁，男動女靜。降本流末，而生萬物。
清者濁之源，動者靜之基，人能常清靜，天地悉皆
歸。夫人神好清，而心擾之。人心好靜，而慾牽之。
常能遣其慾，而心自靜。澄其心，而神自清。自然六
慾不生，三毒消滅。所以不能者，為心未澄，慾未遣
也。能遣之者，內觀其心，心無其心；外觀其形，形
無其形；遠觀其物，物無其物；三者既無，惟見於
空。觀空亦空，空無所空；所空既無，無無亦無；無
無既無，湛然常寂；寂無所寂，慾豈能生。慾既不
生，即是真靜。真常應物，真常得性，常應常靜，常
清靜矣。如此清靜，漸入真道，既入真道，名為得
道。雖名得道，實無所得，為化眾生，名為得道。能
悟之者，可傳聖道。

老君曰：上士無爭，下士好爭；上德不德，下德執德；執著之者，不明道德。眾生所以不得真道者，為有妄心。既有妄心，即驚其神；既驚其神，即著萬物；既著萬物，即生貪求；既生貪求，即是煩惱。煩惱妄想，憂苦身心，便遭濁辱，流浪生死，常沉苦海，永失真道。真常之道，悟者自得，得悟道者，常清靜矣。

武氏打手要言 —— 武禹襄

本篇打手要言，為武禹襄氏得王宗岳氏《拳論》及《十三勢歌》後，據以研修所得心得之記載，錄自其徒李亦畬氏家傳予郝和氏珍藏的手抄本，被作文字之整理後，即為現今流傳的《拳經》及《十三勢行功心解》。有關原文錄印於次：

解曰。身雖動。心貴靜。氣須斂。神宜舒。心為令。氣為旗。神為主帥。身為驅使。刻刻留意。方有所得。先在心。後在身。在身則不知手之舞之足之蹈之。所謂一氣呵成。舍己從人。引進落空。四兩撥千斤也。須知一動無有不動。一靜無有不靜。視動猶靜。視靜猶動。內固精神。外示安逸。須要從人。不要由己。從人則活。由己則滯。尚氣者無力。養氣者純剛。彼不動己不動。彼微動己先動。以己依人。務要知己。乃能隨轉隨接。以己粘人。必須知人。乃能不後不先。精神能提得起。則無雙重之虞。粘依能跟得靈。方見落空之妙。往復須分陰陽。進退須有轉合。機由己發。力從人借。發勁須上下相隨。乃一往

無敵。立身須中正不偏。能八面支撐。靜如山岳。動若江河。邁步如臨淵。運勁如抽絲。蓄勁如張弓。發勁如放箭。行氣如九曲珠。無微不到。運勁如百鍊鋼。何堅不摧。形如搏兔之鶻。神如捕鼠之貓。曲中求直。蓄而後發。收即是放。連而不斷。極柔軟。然後能極堅剛。能粘依。然後能靈活。氣以直養而無害。勁以曲蓄而有餘。漸至物來順應。是亦知止能得矣。

又曰。

先在心。後在身。腹鬆。氣歛入骨。神舒體靜。刻刻存心。切記一動無有不動。一靜無有不靜。視靜猶動。視動猶靜。動牽往來。氣貼背。歛入脊骨。要靜。內固精神。外示安逸。邁步如貓行。運勁如抽絲。全身意在蓄神。不在氣。在氣則滯。有氣者無力。無氣者純剛。氣如車輪，腰如車軸。

又曰。

彼不動。己不動。彼微動。己先動。似鬆非鬆。將展未展。勁斷意不斷。

又曰。

每一動惟手先著力。隨即鬆開。猶須貫串。不外起承轉合。始而意動。既而勁動。轉接要一線串成。氣宜鼓盪。神宜內歛。無使有缺陷處。無使有凹凸處。無使有斷續處。其根在腳。發於腿。主宰於腰。形於手指。由腳而腿而腰。總須完整一氣。向前退後。乃得機得勢。有不得機勢處。身便散亂。必至偏倚。其病必於腰腿求之。上下前後左右皆然。凡此皆是意。不是外面。有上即有下。有前即有後。有左即有右。如意要向上。即寓下意。若物將掀起。而加以挫之之力。斯其根自斷。乃壞之速而無疑。虛實宜分清楚。一處自有一處虛實。處處總此一虛實。周身節節貫串。勿令絲毫間斷。

禹襄武氏並識

又曰

先在心後在身。腹鬆氣斂入骨。神舒體靜。
刻刻存心。切記一動無有不動。一靜無有
不靜。視靜猶動。視動猶靜。動牽往來氣貼
背。斂入脊骨。要靜內固精神外示安逸。邁
步如貓行。運動如抽絲。全身意在蓄神不
在氣。在氣則滯。有氣者無力。無氣者純剛。
氣如車輪。腰如車軸。

又曰

彼不動。己不動。彼微動。己先動。似鬆非鬆。
將展未展。勁斷意不斷。

又曰

每一動惟手先著力隨即鬆開。猶須貫串。
不外起承轉合。始而意動既而勁動轉接
要一線串成氣宜鼓盪神宜內斂。無使有
缺陷處。無使有凹凸處。無使有斷續處。其

根在腳。發於腿。主宰於腰。形於手指。由腳
而腿而腰。總須完整一氣。向前退後乃得
機得勢。有不得機勢處。身便散亂。必至偏
倚。其病必於腰腿求之。上下前後左右皆
然。凡此皆是意。不是外面有上即有下。有
前即有後。有左即有右。如意要向上。即寓
下意。若物將掀起。而加以挫之之力。斯其
根自斷。乃壞之速而無疑。虛實宜分清楚。

一處自有一處虛實。處處總此一虛實。周
身節節貫串。勿令絲毫間斷。

　　　　　　禹襄武氏並識

王宗岳太極拳論 後附小序 並五字訣

郝和珍藏

解曰身雖動心貴靜氣歛神宜舒心為
令氣為旗神為主帥身為驅使刻刻留意。
方有所得先在心後在身則不知手
之舞之足之蹈之所謂一氣呵成舍己從
人引進落空四兩撥千斤也須知一動無
有不動一靜無有不靜視動猶靜視靜猶
動內固精神外示安逸須要從人不要由
己從人則活由己則滯尚氣者無力養氣

者純剛彼不動己不動彼微動己先動以
己依人務要知己乃能隨轉隨接以己粘
人必須知人乃能不後不先精神能提得
起則無雙重之虞粘依能跟得靈方見落
空之妙往復須分陰陽進退須有轉合機
由己發力從人借發勁須上下相隨乃一
往無敵立身須中正不偏能八面支撐靜
如山岳動若江河邁步如臨淵運勁如抽

絲蓄勁如張弓發勁如放箭行氣如九曲
珠無微不到運勁如百鍊鋼何堅不摧形
如搏兔之鶻神如捕鼠之貓曲中求直蓄
而後發收即是放連而不斷極柔軟然後
能極堅剛能粘依然後能靈活氣以直養
而無害勁以曲蓄而有餘漸至物來順應
是亦知止能得矣

太極拳小序 —— 李亦畬

　　太極拳不知始自何人。其精微巧妙，王宗岳論詳且盡矣。後傳至河南陳家溝，陳姓，神而明者，代不數人。我郡南關楊某，愛而往學焉，專心致志，十有餘年，備極精巧，旋里後，市諸同好。　母舅武禹襄見而好之，常與比校，伊不肯輕以授人，僅能得其大概。素聞豫省懷慶府趙堡鎮，有陳姓，名清平者，精於是技。逾年。　母舅因公赴豫省，過而訪焉，研究月餘，而精妙始得，神乎技矣。子自咸豐癸丑，時年二十餘，始從。　母舅學習此技，口授指示不遺餘力，奈予質最魯，廿餘年來，僅得皮毛，竊意其中更有精巧。茲僅以所得筆於後，名曰五字訣，以識不忘所學云。

　　　　　光緒辛巳中秋念六日亦畬氏謹識

太極拳小序。

太極拳不知始自何人其精微巧妙王宗
岳論詳且盡矣後傳至河南陳家溝陳姓
神而明者代不數人我郡南關楊某愛而
往學焉專心致志十有餘年備極精巧旋
里後市諸同好　母舅武禹襄見而好之
常與比較伊不肯輕以授人僅能得其大
概素閱豫省懷慶府趙堡鎮有陳姓名清

平者精於是技逾年　母舅因公赴豫趁
過而訪焉所究月餘而精妙始得神乎技
矣予自咸豐癸丑時年二十餘始從
母舅學習此技口授指示不遺餘力奈予
質最魯廿餘年來僅得皮毛竊意其中更
有精巧茲僅以所得筆　於後名曰五字
訣以識不忘所學云
光緒辛巳中秋念六日亦畬氏謹識

◆再版序◆——太極拳乃道之體現

有人問外家拳與內家拳怎樣分辨？這是一個很好的提問，可以藉此揭開太極拳的神秘面紗。

外家拳與內家拳一內一外，有著明顯且嚴格之區別，是外家拳就非內家拳，是內家拳就非外家拳，拳術不外體與用，二者無論在體在用都不但不同，更是完全相對相反，太極拳是內家拳，謹以太極拳的觀點，分別就二者之體與用作一分析與比對，以供大家參考。

一、就體而言

外家拳用力，太極拳不可用力，一是用力，一是不用力，二者在基本上就有對等與不同，太極拳若用力，就進入了外家拳範圍，不再是太極拳，故有「**用力非太極**」之言，除此之外，太極拳各家宗師也無不都強調太極拳不可用力，這在各家傳承的著作中都有明示。由此可見若用力，何能再是太極拳！

外家拳用力，是使用有形的肢體的力，也就是使用有形的肢體，以有形的肢體為體，是人人都知的拳術。太極拳不可用力，就完全相反，不用力是不用肢體的力，棄有形的肢體不用，不以有形的肢體為體，以求內

練內勁（或言內氣、氣勁、意氣等），以無形的內勁為體，非人生而能知，要由後天的傳授與學習，所以難為人知。太極拳的要求鬆柔不用力的目的，就是為了退去先天肢體之能，修習內勁。十三勢歌云：「**若言體用何為準？意氣君來骨肉臣**」，即言太極拳的體與用都是以意氣為本。除此之外，太極拳經譜言太極拳也都是以意氣勁為主，這也就是古拳諺所說的「內練一口氣，外練筋骨皮」。簡明的說明了內家拳與外家拳的不同，太極拳的難明由於內勁難知，沒有內勁就沒有體，何能明瞭太極拳，不言可知。

　　正因如此，二者拳架姿式設計與創造的目的、意義也完全不同，外家拳主求以肢體動作對外作打鬥攻防，以求肢體動能的增強；太極拳則不同，以鬆柔不用力，棄肢體動能不用，不作對外使用，以求向內內練內在氣勁，以外動啟動內動，功深以後以內動伸展外動。先輩陳鑫氏云：「**外之所形，莫非內之所發**」，由於是內練氣勁，形於外的姿勢動作就輕柔緩慢，不用擔心慢了就不堪應對外在快速的攻擊。太極拳的慢實是在修

練快，拳術的快與慢，不在於外在動作的快慢，而在於神的反應，愈慢心愈靜，心愈靜而能愈細，意愈專，神的反應愈敏，內在的氣勁愈足，成長愈快，所以慢實是修心養神，練意養氣，一有動靜，反應極細極快勝於常人，正如魚在水中，看似很慢，稍有動靜，迅即不見。愈功深行拳愈慢，甚至看似未動，實仍在行拳。若以一般外家拳術的觀念思考太極拳，實無從理解太極拳向內修練的神妙奧秘。

由於內勁難知，學習太極拳往往為外家拳的觀念所誤，以外家拳的觀念思考太極拳，認為太極拳必須用力，本體是一套拳招姿式，由是困惑難明，苦學難成，為此，各家宗師無不都有提示言太極拳「**不可用力**」、「**是內勁而非外面拳招姿式**」，用語雖有不同，意涵完全一致。為利於理解與學習，謹將宗師之言，恭錄於次，以供參考。

（一）武派武禹襄氏云：「**凡此皆是意，不在外面**」

此言本是武氏在其「打手要言」中所言，後為後人尊為拳經，所以也是拳經之言，不在外面是言太極拳並非外面所見的肢體動作與形式，意是心中的運行與操

作之法，以意運行內在理法氣勁。故若問「何為太極拳？」也可答以「**凡此皆是意，不在外面**」。

武氏要點云：「**不使絲毫之力**」，可見太極拳不但不可用力，更是不可用絲毫之力，用力連想都不可想，從一想用力即生僵硬不能鬆柔，就可知道是錯誤的。

（二）郝派郝月如氏云：「**太極拳不在樣式，而在氣勢，不在外面而在內**」、「**切記不用用力**」

與武氏所言意涵完全相同，樣式是外面肢體的形式，氣是氣勁，也就是內勁，勢是一個能量，任何動作要發揮最大的作用都要有個好的勢，氣與勢都是無形的，所以更強調「**不在外面而在內**」。

「**切記不可用力**」，用力練的就不是太極拳，所以要切記。

（三）孫派孫祿堂氏云：「**拳術之內勁實為人身之基礎**」、「**不用後天之力**」

拳術是指內家拳，即是言以內勁為體，也言不可用力。

（四）楊派楊澄甫氏云：「**論太極拳不在外形姿式，而在內理，氣與勁耳**」、「**非取形似，必求意**

合」、「願後之學者，弗惟外之是騖，而惟內之是求」。又云：「不用濁力」、「若問其用，則在不用力」

內理是要明白太極拳使用的道理，王宗岳氏在拳論中所說的都是理，氣與勁即是內勁，「非取形似，必求意合」也就是武禹襄氏所言的「凡此皆是意，不在外面」，意涵完全一樣，不是求外面形式的相同，而是要求心中運作合乎要求。更語重心長的說，希望後輩學者，不要只以比外面形式為太極拳，而要專心一致的求內在理法氣勁的運作，可以想見的，太極拳內容高深，作用超俗，豈能只是外面的一個姿勢形式，也就是所謂的拳套招式的外形姿式就能有太極拳！

也言不可用力，凡是力都是濁力、拙力，太極拳不用力是用內勁，是不用力之力，是柔軟之力。

（五）吳派吳公儀、吳公藻兄弟云：「以心行意，以意行氣，以氣運身」

吳氏拳法云：「太極拳最忌用力」

雖未見言並非外在形式，但言太極拳是心意氣，以氣運身是以氣在身內運行，心意氣的能量就是勁。

（六）陳派陳長興氏云：「夫拳術之為用，氣與

勢而已矣」、「夫太極拳者，千變萬化，無往非勁」

言太極拳只是氣與勢而已，與郝月如氏所言氣勢意涵相同，並言無往非勁，雖未明言不可用力，不在肢體形式，但意涵已在其中。

（七）陳派陳鑫氏云：「拳在我心」、「觸處皆拳，非世之以拳為拳者比也」「自古太極皆如此，何須身外妄營求」

「拳在我心」言太極拳全是心中的運作理、法、氣勁，「觸處皆拳」是周身處處都是拳，碰到何處，都可發揮拳的作用，因為太極拳全是身內的氣勁，都是內在氣勁的反應，並非一般世俗觀念中的拳可相比，世俗觀念中的拳都是外家拳，太極拳並非這樣的拳術。何須以外家拳的觀念，在身外拳招姿式妄自營求，空求白練，這與上述「凡此皆是意，不在外面」以及「非取形似，必求意合」的意涵完全相同。

由此可見，太極拳宗師都明示太極拳「不可用力」、「是內勁而非外在肢體招式」，可以想見的，非宗師所言何來太極拳！難明難成顯然由於在認知上有了偏差，各家宗師有此共同一致之見，更可明瞭太極拳雖有門派之別，實都是一樣的，只有一種，法雖可

有不同，但本體是不可改變的。

　　太極拳的本體是內勁，各家宗師都言太極拳是內勁，可見外面的肢體招式並非太極拳，所以學太極拳而難明太極拳。先輩陳鑫氏云：「**自古太極皆如此，何須身外妄營求！**」，因此學太極拳首要明內勁，要明內勁首要要知內勁與外力的不同，外力是肢體堅硬有力的力，是用力之力，人人生來都能；內勁是人體的潛能，是肢體柔軟無力之力，是不用力之力，也是柔軟之力，要由後天的修習，由於柔軟而有力，故「**柔中寓剛，剛中寓柔，剛柔一體**」而為太極勁。先輩陳鑫氏云：「**不能以柔言之，亦不能以剛言之，直以太極言之**」。又云：「**不可謂之柔，亦不可謂之剛，第可名之為太極**」。由於求柔而能將先天硬力轉化為內勁，故又云：「**有心求柔，無意成剛**」。又云：「**非有心之求剛，實有心之求柔也**」。故如何能得內勁？心中將先天堅硬的力改為柔軟不用力，就轉化為內勁，所以剛與硬是不同的，硬乃人體先天之力，心中一用力就能硬，但硬了就不能軟，軟了就不能硬，軟與硬不能同時存在。剛是柔中之力，與柔一體並存，無柔就不能言剛，無剛就不能言柔，正如太極，有陰則有陽，有陽

則有陰，獨陰不生，獨陽不長，故是太極勁。

外力與內勁二者是相個別與對等的存在的，有了外力就不能有內勁，要有內勁就不可用力，外力愈多內勁就愈少，內勁愈多外力就愈少，十三式行功心法云：**「有氣則無力，有力則無氣，無力則純剛」**，氣的能量即是內勁，即言有了內勁就無外力，有了外力即無內勁，全無外力純是內勁就是純剛。古拳諺亦云：**「愈不用力力愈大，愈輕力愈強」**，愈大愈強的即是言內勁，這也就是所謂的**「極柔軟而後能極堅剛」**。由此可見，不能認為太極拳柔軟不用力了，就軟弱無力全無作用，而是還是能有作用的，是珍貴內勁。舉例而言，如要把手舉起，心中求不要用力，手還是可以舉起。又如要推動重物，如心中求不要用力，可以發現還是可以推動。又若有人用力推我，我心中求不用力，可發現還是可以頂抗。又若走拳架，心中求不用力，可發現還是可以走。以上所言，人人一試便知。為何已不用力，沒有了力還能起作用？原因在於心中還有「意」的存在，雖沒有了力，仍有動作的意的存在，若連意都不用，就立即不能動，這就是所謂的「用意不用力」，可見沒有力只有意還是能作用的，這就是內勁，是「不用力之

力」。更完整的說應是「用意不用力之力」。日久以後，意啟動了人體先天內氣而有意氣，意氣愈養愈強，功深以後，打拳走架全是意氣在運作的，經譜歌訣言「運勁如百煉鋼」、「意氣須換得靈」、「氣遍身軀不少滯」、「氣宜鼓盪，神宜內斂」、「以心行氣，以氣運身」、「行氣如九曲珠」、「運勁如抽絲，發勁如放箭」，不勝枚舉，全是功深境界，初學者自難理解。一旦得意氣，自可不言自明。所以十三勢歌云：「若言體用何為準？意氣君來骨肉臣」，要了解太極拳，首要明瞭太極拳與外家拳的不同，不能以外家拳的思維思考與學習太極拳。

二、就用而言

太極拳的用與外家拳也是相對相反，完全不同，在理念上，外家拳正如一般世俗觀念中所知的拳術，主張以肢體動作主動攻擊衝打；太極拳則完全相反，完全反乎一般世俗的觀念，不但不主動攻擊，更是本於太極陰陽相濟之理，以被動因應為拳，以求以靜制動，以柔克剛，而能後發先制，這從拳論中所言，全是退讓不爭，無衝打主動攻擊之言就可知道，全是本於太極陰陽之理的運用，拳論云：「左重則左虛，右重則右杳。仰

之則彌高，俯之則彌深。進之則愈長，退之則愈後（註）」，言攻我左邊，我左邊虛讓；攻我右邊，我右邊虛讓；抬我向上，我順之向上，愈上愈高；壓我向下，我順之向下，愈下愈深；拉我向前，我順之向前，愈進愈前；推我後退，我順之後退，愈退愈後，這也就是拳論所謂的「捨己從人」，捨棄自己的主張順從對方，這全是太極陰陽之理的體現與運用，若頂抗相爭就無太極陰陽可言，是太極拳之為太極拳的根本大道理。但如此退讓不爭又如何能取勝：拳論接著又說：「**一羽不能加，蠅蟲不能落，人不知我，我獨知人，英雄所向無敵，蓋皆由此而及也**」，功深以後，能夠做到，一根羽毛，一隻蠅蟲之重都加不了我身上，人就無從知道如何打我，只有我知如何打彼，英雄所向無敵都是這樣辦到的，這樣的做法都是著法，拳論又云：「**由著熟而漸悟懂勁，由懂勁而階及神明。然非用力之久，不能豁然貫通也**」，要用時間來磨練，方能登峰造極。

不但拳論如此而言，打手歌亦云：「**任他巨力來打我，牽動四兩撥千斤**」，亦言非主動攻人，而是任人攻我，也就是「**捨己從人**」。彼千斤巨力加到我身上，我只要上下左右任何一方移動彼四兩之力，彼力就

失去作用，又云：「**引進落空合即出**」，彼力攻來，引導它不著力在我身，讓它落空，合即出是合乎我發放機勢之際，就把彼發出去。十三勢歌亦云：「**靜中觸動動猶靜，因敵變化示神奇**」，言我靜而未攻，彼來攻我，我仍靜而不攻，捨己從人，隨彼的變化而變化，彼在毫不知情之下被我發出，而覺神奇不可思議，也就是人不知我，我獨知人的狀況。以上拳論、歌訣之言完全一致，皆是本於太極陰陽之理。這也就是太極拳拳法常說的「**沾連粘隨，不丟不頂**」，其中全是陰陽相濟之理，要能做得精深，就要有內勁之體，內勁柔軟而能變化才能沾連粘隨，如是用頂抗爭鬥，就無太極的意涵，功夫即使再高也非太極拳。

　　舉例而言，彼若加力於我身，我順勢退讓，不疾不徐（**動急則急應，動緩則緩隨**），不接彼絲之力，彼力自動消失（**引進落空**），彼愈進勢愈失，我愈退勢愈佳，其中即有陰陽消長之理，對彼而言是陽消陰長，對我而言是陰消陽長；彼若用力過猛，自行失控跌倒，而我則安然無恙，對彼而言是陽極生陰，對我而言是陰極生陽，我若退得太慢而生頂抗就無太極，若退得太快而脫離，就非陰不離陽。陽不離陰，要做到「**無過不**

及，隨曲就伸」才能體現陰陽相濟，也就是拳論所說的「**沾即是走，走即是粘，陰不離陽，陽不離陰，陰陽相濟，方為懂勁**」，也就是「**沾連粘隨不丟頂**」，彼若力在我身，我頂抗彼力，產生雙重，就無陰陽；我若猝然放鬆我力，由陰變陽，彼即被放出，此即是我的陰中有陽。以此類推，變化萬千，這也就是太極拳的虛實變化，拳經云：「**虛實宜分清楚，一處自有一處虛實，處處總此一虛實**」，處是狀況，不同狀況有不同的虛實，所以太極拳者，實只是一個太極而已。

以上拳論及經歌之言，全根源於道家的思想，道德經云：「**夫惟不爭，故天下莫能與之爭**」，又云：「**天下之至柔，馳騁天下之至堅**」，太極拳即是這一理念的具體體現與證驗，以柔弱不爭的方式爭取勝利，由於反乎一般世俗的觀念，所以又云：「**反者道之動，弱者道之用**」，言道的作為是反乎一般世俗的觀念的，以柔弱方式為用，不以剛強的方式為用，拳論所言全是以柔弱不爭的方式為拳，因此道德經是理，拳論是用，太極拳是實際的實踐，道德經所言雖玄深，但在太極拳卻可具體的體現與解讀，是太極拳的至高境界，所以若言拳經，道德經方是太極拳真正的拳經，太極拳

雖是拳術，實是道家的修行功夫，以退讓不爭為拳，是修心養性，心性的修為，寓拳術於柔弱不爭之中，一個哲理的實踐與修行，道德經本於易經的陰陽之理，拳論本於道德經，太極拳本於拳論，因此易經－道德經－拳論－太極拳一脈相承，是真真實實的中華文化的傳承，豈能在外在拳招姿式可以理解太極拳，不言可知！

陳傳龍 謹述於臺北
2023年5月

（註）拳論原文中的「促」可能是「後」字的抄寫錯誤，現加以更正，不可能愈促而可以勝人，愈後始能化解來力。

天下之至柔，馳騁天下之至堅。——【道德經】

太極即道　1

太極拳本義闡釋

作　　者｜陳傳龍
發 行 人｜曾文龍
總 編 輯｜黃珍映
文字繕校｜林燦螢、吳家騏、侯人豪、李志輝、鄭憲存
美術設計｜劉基吉
拳照攝影｜吳文淇、Ryan Kao
出版發行｜金大鼎文化出版有限公司
　　　　　台北市10688大安區忠孝東路4段60號8樓
　　　　　網　　址：http://www.bigsun.com.tw
　　　　　出版登記：行政院新聞局局版北市業字第200號
　　　　　匯款帳號：金大鼎文化出版有限公司
　　　　　　　　　　永豐銀行 (807)　忠孝東路分行
　　　　　　　　　　101-001-0014623-9
　　　　　電　　話：(02) 2721-9527　傳　真：(02) 2781-3202
製版印刷｜松霖彩色印刷股份有限公司
總 經 銷｜旭昇圖書有限公司
　　　　　地址：新北市中和區中山路2段352號2樓
　　　　　電話：(02) 2245-1480

◆2023年7月 再版1刷　◆定價新台幣680元
◆ISBN 978-986-06797-2-4

國家圖書館出版品預行編目（CIP）資料

太極拳本義闡釋 / 陳傳龍著 .-- 再版 .- 臺北市：
金大鼎文化出版有限公司 , 2023.06
面；　公分 .--(太極即道 ;1)
ISBN 978-986-06797-2-4(平裝)

1.CST: 太極拳

528.972　　　　　　　　　　　112009481